ことばでおぼえる やさしい漢字ワーク 初級1

—日本語初級1大地準拠—

Elementary-Level Kanji Workbook

Sách luyện tập chữ Hán mức độ Sơ cấp

中村かおり・伊藤江美・梅津聖子・星野智子・森泉朋子 著

スリーエーネットワーク

Published by 3A Corporation.
Trusty Kojimachi Bldg., 2F, 4, Kojimachi 3-Chome, Chiyoda-ku, Tokyo 102-0083, Japan

ISBN978-4-88319-779-8 C0081

First published 2018
Printed in Japan

はじめに

この本は、非漢字圏の学習者を対象に、日本語能力試験N5・N4レベル（旧4級・3級）の漢字の読み方、書き方を、負担なく学習できるように工夫をした漢字学習の教材です。漢字を語彙として導入することにより、漢字と語彙を同時に学習することができ、漢字学習へのモチベーションを保てるようにしました。拓殖大学別科日本語教育課程で使用していたものを大幅に改訂しました。

「漢字語彙を見てすぐ読み方と意味が浮かび、それを正確にきれいに書く。それを繰り返しているうちに、N5・N4レベルの語彙と漢字の読み書きがいつの間にか身についていた。」本書はそのような教材を目指しました。日本語学習の一環として、ことばを練習しているうちに、自然と漢字の読み書きも身につくような教材になっています。

学習者にとっての情報を絞るため、個々の漢字の書き順は示していません。基本的な書き順は「漢字のストラテジー」で紹介していますが、それ以外は、先生方にご指導いただくか、Webや電子辞書で調べるようにしてください。

また、クイズはすべて学習した範囲からの出題ですので、勉強すれば満点が取れます。非漢字圏の学習者のみなさんに、やる気を維持しながら、漢字を勉強するのは楽しいと思ってもらえることを期待しています。

本書を作成するにあたり、第一編集部の田中綾子さんには、鋭いご指摘とご助言をいただきましたうえ、原稿を丁寧に見ていただきました。また、サノアキコさんには漢字学習が楽しくなるような素敵なイラストをたくさん描いていただきました。心よりお礼申し上げます。

2018年8月　著者

この本をお使いになる先生方へ

この本の特徴

この本は、非漢字圏の学習者を対象に、できるだけ学習者の負担を減らす工夫をしました。ことばとして漢字の読み方を定着させてから書き方を練習するというスモールステップで、少しずつ段階を踏んで学習することができます。

1. 語彙による漢字の学習

漢字には意味があり、語彙とつながっているのだということを認識させて、漢字学習へのモチベーションを保てるようにしました。N5・N4レベルの語彙を学習しながら漢字を導入し、練習します。初級1で352語、初級2で311語の漢字語彙（表現含む）を定着させることができます。各課の語彙は、『日本語初級1大地　メインテキスト』と『日本語初級1大地　文型説明と翻訳』で使われているものを取り上げました。

2. N5・N4レベルの漢字300字を網羅

初級1と初級2を合わせて、日本語能力試験N5・N4レベル（旧4級・3級）の漢字を網羅しています。初級1ではそのうち160字（N5レベル97字（「右」「左」「北」「南」「西」「耳」は初級2)、N4レベル61字、N3レベル2字）を学ぶことができます。また、「やってみましょう」や「まとめクイズ」の一部は日本語能力試験と同様の形式になっていますので、この本の学習を通して試験の出題形式に慣れさせることができます。

3. 漢字の学習ストラテジーを段階的に提示

漢字学習では、形の意味や読み方のルールを考え、相互に関連づけながら取り組むと、学習が進めやすくなります。この本では、必要な知識を一度に詰め込むのではなく、学習段階に応じて少しずつ「漢字のストラテジー」を学ぶことで理解を深めます。漢字の形／意味／読みのシステムや構造を理解することで、漢字学習が楽しくなります。

この本の構成とそれぞれの使い方

(1) 各課の練習（1～22）

①**ことば**…その課で学習する漢字のことばの一覧です。わからないことばは先に意味を調べます。その課までの『日本語初級1大地　メインテキスト』『日本語初級1大地　文型説明と翻訳』の「Vocabulary」に出てきていることばを学習します。それ以外のことばにはマークがあり、以下の意味で使っています。

[ま]:『日本語初級1大地　メインテキスト』の「まとめ」で勉強することば

L：『日本語初級1大地　文型説明と翻訳』の各課末「Language and Culture Information」で勉強することば

※：『日本語初級1大地　メインテキスト』と『日本語初級1大地　文型説明と翻訳』では勉強しないことば

②**読み方の練習**…①**ことば**の読み方が書いてあります。読み方を隠してそれを言ったり書いたりする練習をします。一人でも、他の学習者と一緒に練習しても効果的です。③**書き方練習**で書く練習をする漢字の読み方には<u>下線</u>があります。

③**書き方練習**…実際に漢字を書いて練習します。書き順のポイントは教師が指導します。ポイント以外の書き方はWebや電子辞書などで確認するようにしてください。その後、漢字を正しく、きれいに書きます。★がついているのは、その課で学習することばではありませんが、復習として書く練習をしてほしいことばです。

④**書き取り**…①**ことば**を隠して、②**読み方**だけを見ながら、漢字を書いて確認をします。②**読み方**に<u>下線</u>がないものは練習をしていない漢字なので、漢字で書かなくてもかまいません。

⑤**やってみましょう**…読み方や書き方で間違えやすい漢字をクイズ形式で確認することで、学習のポイントを意識化できます。答えは次のページの下にあります。

(2) 漢字のストラテジー

漢字を学習する際に意識しておくと効果的な点について説明します。簡単なクイズもありますので、解きながら確認できます。漢字学習を始める前に必要な予備知識（記憶ストラテジー）から、ある程度漢字がわかるようになってから分析や推測をするための知識（認知ストラテジー）へと、各課の練習の進度に合わせて段階的に学べるようになっています。

(3) 各課クイズ

読み方と書き方の記述式クイズがあります。練習した範囲からの出題で、しっかり学習すれば満点が取れるので、学習者のやる気を高めます。読みクイズと書きクイズに分かれていますので、各課のそれぞれの練習が終わった後に確認のために行うと効果的です。

(4) まとめクイズ

『日本語初級1大地　メインテキスト』の「まとめ」と同じ範囲で、読み方と書き方の選択式（一部記述式）クイズを行います。**(3) 各課クイズ**より範囲が広いので、どの程度実力がついたかを確認することができます。『日本語初級1大地　メインテキスト』を使う場合、「まとめ」の範囲の学習が終わった段階で行うといいでしょう。

(5) ことばリスト

①**ことば**の読み方と、その個々の漢字の新しい読み方、③**書き方練習**で書く練習をする漢字、漢字のJLPTによるレベル、書き漢字の初出課がわかります。

※連濁、促音化などは、語彙単位の読み方として示しましたが、新出の読み方としては辞書にある読み方だけを提示しています。例えば「中国（ちゅう ごく）」は、「ちゅう／こく」という読み方で提示されています。

※既習の読み方は、2回目以降示さず、空欄になっています。

(6) 索引

この本で学習する漢字のことばの50音索引です。その課で学習する漢字が他の課のどんなことばで使われているかがわかります。ただし、第6課の「一月」～「三十日」の数字については、「同じ漢字を使うことば」を省略しています。

(7) 教師用資料（無料ダウンロードコンテンツ）

以下のものをスリーエーネットワークのウェブサイトからダウンロードして利用できるようにしています。ぜひ授業でご活用ください。

1. フラッシュカード…①**ことば**とその読み方のカードです。フラッシュカードとして使用することで、①**ことば**とその読み方の定着をはかります。

2. 各課クイズ…クイズを繰り返し使用したい場合に使えます。それぞれの学習者の記録として、満点を取れた課に印をつけ、満点を取ってから次の課に進むようにすると、学習習慣の形成を促し、学習者のやる気を高めます。

3. 教師用ガイド…書き方や読み方について、指導上の注意が必要な漢字や、漢字のストラテジーの指導法について、教師向けに説明しています。

URL：http://www.3anet.co.jp/ja/6521/

学習の進め方

まず、①**ことば**の意味を理解し、読めるようになってから書く練習をします。漢字のことばが読めるようになるために、教室でフラッシュカードを使用したり、学習者自身で②**読み方**の練習を繰り返したりしながら確認するとよいでしょう。十分に読めるようになってから、③**書き方練習**を行い、④**書き取り**や⑤**やってみましょう**で確認します。そうすることで、「読み」「書き」ともスムーズに定着させることができます。

(4)漢字のストラテジーを扱いながら進めると、更に定着の助けになります。

◇進め方の例

（1）漢字のストラテジー（1回につき30分）

↓

（2）各課の練習（各課60分）

【①**ことば**（意味確認 10分＋フラッシュカード 3分×3回）→②**読み方**の練習（10分）→③**書き方練習**（20分）→④**書き取り**（10分）→⑤**やってみましょう**（1分）**】**

↓

（3）各課クイズ（1課につき　読み＋書き＋フィードバック＝20分）

↓

（4）まとめクイズ（1回につき　読み＋書き＋フィードバック＝15分）

以上の例のように進めると、授業での総学習時間は30時間程度になります。読み書きの練習部分を宿題にすれば、より短時間での学習が可能です。

カリキュラムへの取り入れ方

メインの総合教材と並行して授業する場合には、授業の最初に1課ごとにフラッシュカードを使って、①**ことば**と②**読み方**の練習を行います。また、②**読み方**の練習のやり方を確認してから、ペアワークや宿題にするなどして定着を図ります。①**ことば**が定着してから、書く練習をする漢字について、書き順や間違えやすい点を確認し、③**書き方練習**を行います。④**やってみましょう**は空いた時間や宿題にしてください。

各課の学習が終了してから、**（3）各課クイズ**を行うと、あまり多くの時間を使わなくても読み方および書き方の定着につながります。数課の学習が進んだ後、復習および確認として、**（4）まとめクイズ**を行います。そして、漢字の形や読み方、漢字語彙の成り立ちなどの体系を説明する**（2）漢字のストラテジー**で、学習者の学習ストラテジーの獲得を進めます。

漢字学習に特化した授業を行う場合には、まず漢字学習の方法やポイントがわかるように、**（2）漢字のストラテジー**を説明してから、上記のような①**ことば**の確認、②**読み方**練習、③**書き方練習**を行います。**（3）各課クイズ**はきちんと勉強すれば満点が取れるものになっているので、満点を取るまで繰り返しクイズを行い、満点を取ってから次のクイズに挑むというように、学習者一人一人の進度に応じた進め方も可能です。

この本の使い方

① ことば

意味を 調べます。

② 読み方の 練習

ひらがなを かくして、「ことば」の 読み方を 言ったり 書いたり する 練習を します。

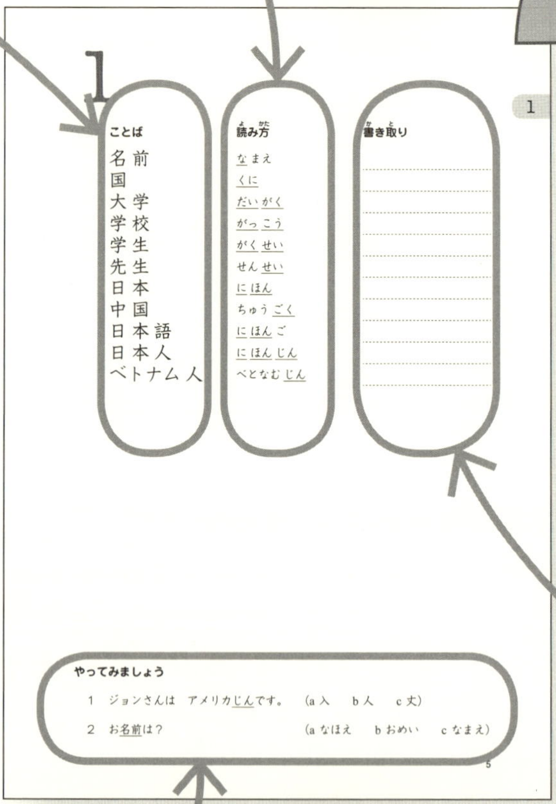

1

ことば	読み方	書き取り
名前	なまえ	
国	くに	
大学	だいがく	
学校	がっこう	
学生	がくせい	
先生	せんせい	
日本	にほん	
中国	ちゅうごく	
日本語	にほんご	
日本人	にほんじん	
ベトナム人	べとなむじん	

やってみましょう

1　ジョンさんは　アメリカじんです。　（a 入　b 人　c 丈）

2　お名前は？　（a なほえ　b おめい　c なまえ）

5

⑤ やってみましょう

読み方と 書き方の 問題です。

答えを 選んで ください。

こたえ　1. b　2. c

※答えは 次の ページの 下に あります。

③ 書き方練習(かきかたれんしゅう)

左(ひだり)の 漢字(かんじ)を よく 見(み)て、漢字(かんじ)を 正(ただ)しく きれいに 書(か)きます。

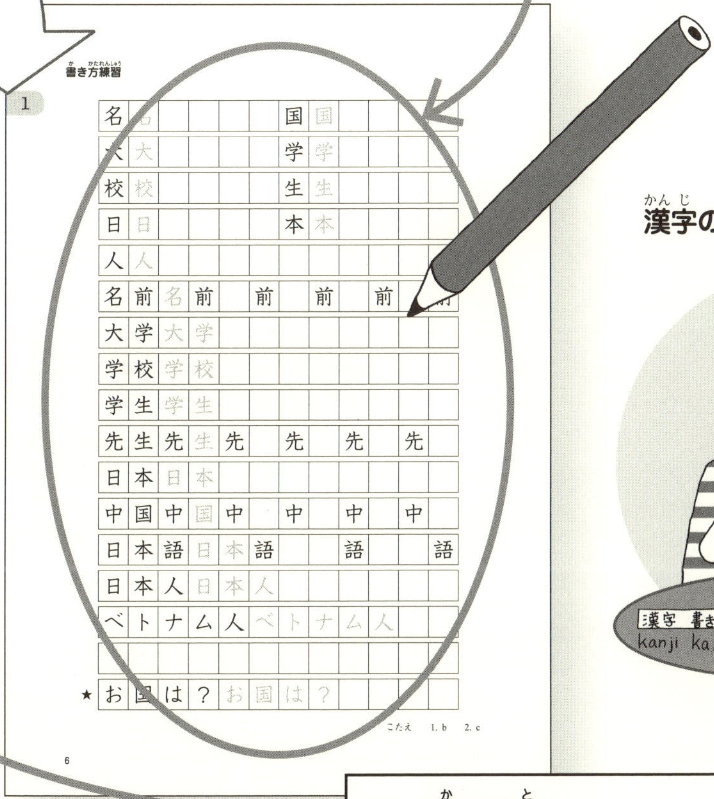
書き方練習(かきかたれんしゅう)

1

名	名					国	国				
大	大					学	学				
校	校					生	生				
日	日					本	本				
人	人										
名	前	名	前		前		前		前		前
大	学	大	学								
学	校	学	校								
学	生	学	生								
先	生	先	生	先		先		先		先	
日	本	日	本								
中	国	中	国	中		中		中		中	
日	本	語	日	本	語			語			語
日	本	人	日	本	人						
ベ	ト	ナ	ム	人	ベ	ト	ナ	ム	人		
★ お	国	は	？	お	国	は	？				

こたえ　1. b　2. c

6

漢字(かんじ)の 書(か)き順(じゅん)は Webで！

④ 書(か)き取(と)り

「ことば」の 漢字(かんじ)を かくして「読(よ)み方(かた)」を 見(み)て ください。そして、漢字(かんじ)を 書(か)いて ください。

※読(よ)み方(かた)に ＿＿が ない 漢字(かんじ)は 書(か)かなくても いいです。(「読(よ)み方(かた)」を かくして、読(よ)み方(かた)を 書(か)いても いいです。)

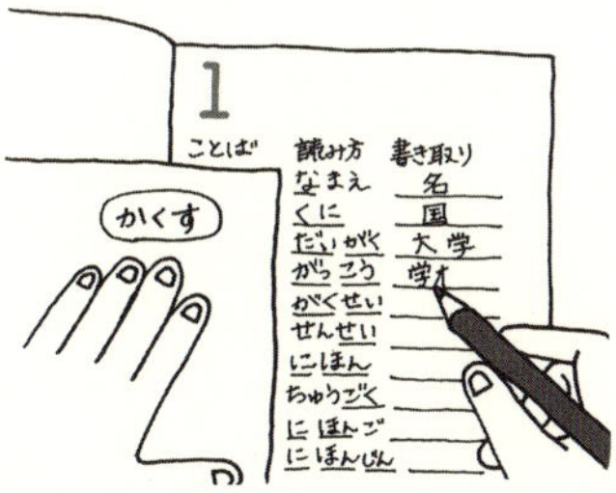

② Practicing reading

You hide the *hiragana* and practice by reading words out loud and writing them.

① Words

You look up the meaning.

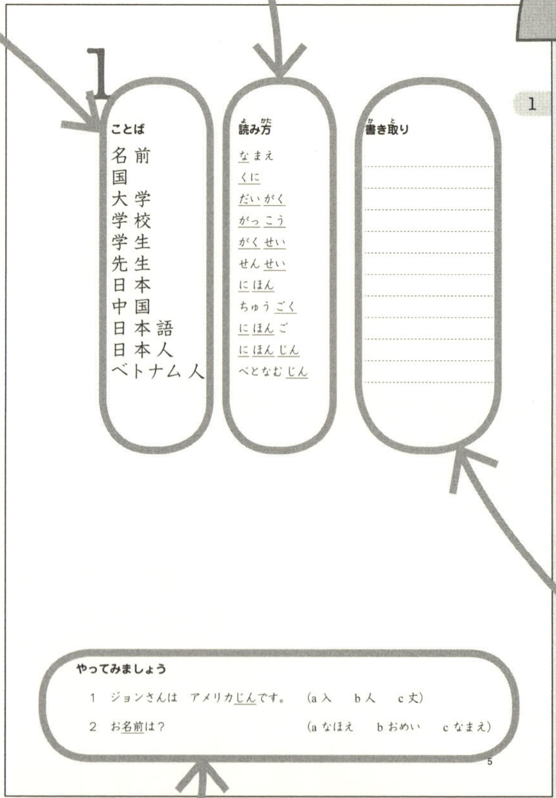

⑤ Let's have a try

Questions on ways of reading and writing. Choose your answers.

※ The answers can be found at the bottom of the next page.

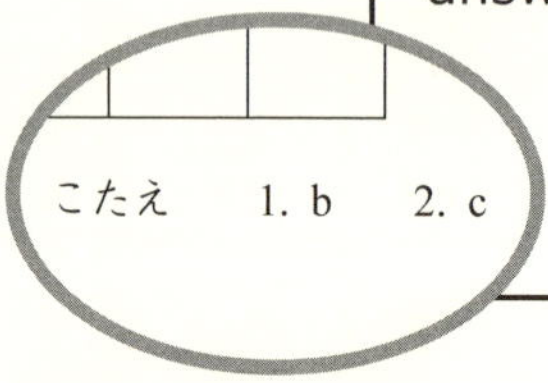

③ Practicing writing

Looking closely at the *kanji* on the left, you write the *kanji* correctly and neatly.

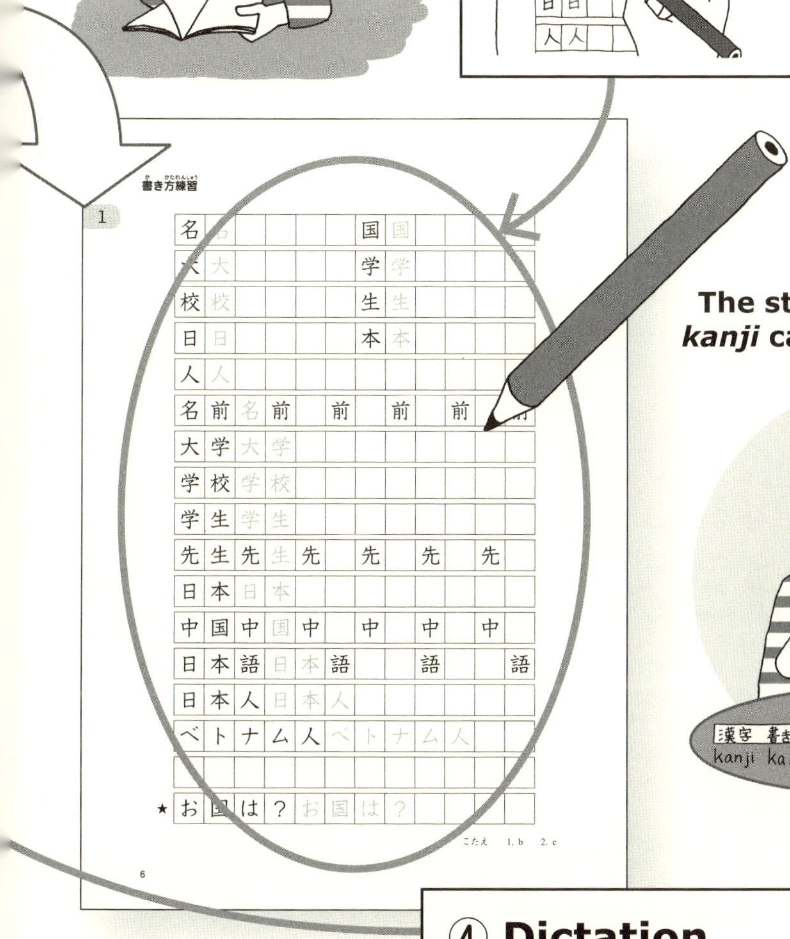

The stroke order for the *kanji* can be found online!

④ Dictation

Look closely at the reading after hiding the kanji of the word. Then write the *kanji*.

※You do not have to write *kanji* which do not have ___ in their reading. (You can hide the reading, and then write it from memory.)

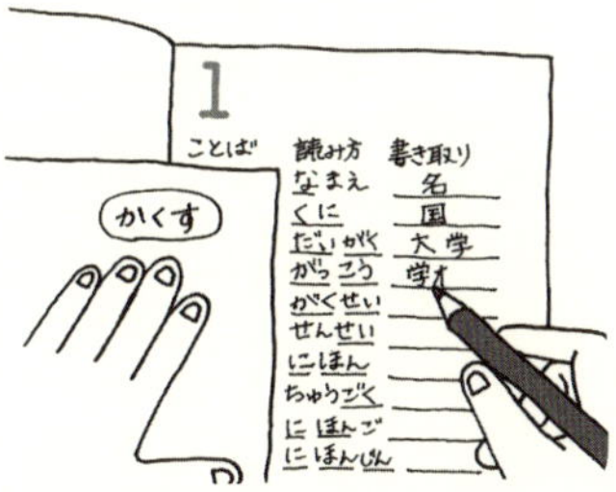

Cách sử dụng sách này

② Luyện tập cách đọc

Che chữ Hiragana lại và luyện nói và viết cách đọc từ đó.

① Từ vựng

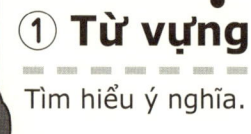

Tìm hiểu ý nghĩa.

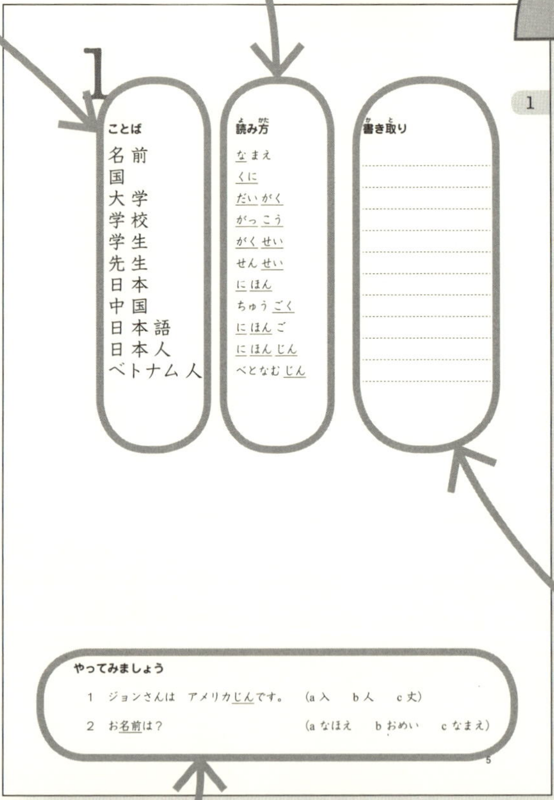
1

ことば	読み方	書き取り
名前	なまえ	
国	くに	
大学	だいがく	
学校	がっこう	
学生	がくせい	
先生	せんせい	
日本	にほん	
中国	ちゅうごく	
日本語	にほんご	
日本人	にほんじん	
ベトナム人	べとなむじん	

やってみましょう

1 ジョンさんは アメリカじんです。 (a 入 b 人 c 丈)

2 お名前は？ (a なほえ b おめい c なまえ)

5

⑤ Cùng nhau thử làm xem

Đây là câu hỏi về cách đọc và cách viết. Hãy chọn câu trả lời.

※Câu trả lời ở phía dưới trang kế tiếp.

こたえ 1. b 2. c

③ Luyện tập cách viết

Xem kỹ chữ Hán bên trái, viết đẹp và đúng chữ đó.

Hãy tìm thứ tự viết của chữ hán tự bằng trang WEB!

④ Viết chính tả

Hãy che đi chữ Hán của từ, xem cách đọc, rồi viết chữ Hán đó.

※ Chữ Hán mà không có dấu gạch dưới (____) ở bên dưới cách đọc thì không cần viết cũng được. (Bạn cũng có thể che đi cách đọc, rồi viết cách đọc đó.)

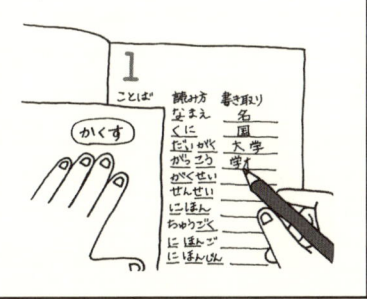

目次(もくじ)　Contents　Mục lục

パート1

◇漢字(かんじ)の ストラテジー

◇各課(かくか)の 練習(れんしゅう)

ことばの 読(よ)み方(かた)を 練習(れんしゅう)する

↓

書(か)き方(かた)を 練習(れんしゅう)する

↓

書(か)き取(と)りを する

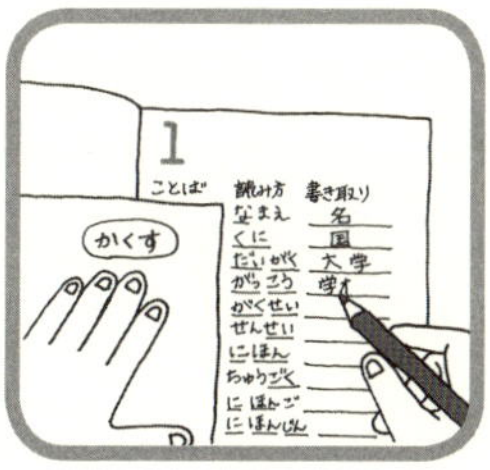

漢字(かんじ)の ストラテジー 1 *Kanji* strategy 1 Chiến lược chữ Hán 1

書(か)き方(かた)の ルール Rules for writing Quy tắc viết

1◆基本的(きほんてき)な 書(か)き方(かた) Basic rules Cách viết cơ bản

漢字(かんじ)の 線(せん)を 書(か)く ときの 大(おお)きな ルールは 二(ふた)つです。「上(うえ)から 下(した)」「左(ひだり)から 右(みぎ)」です。

There are two major rules for stroke order: Top to bottom, and left to right.

Có 2 quy tắc lớn khi viết các nét của chữ Hán: “Từ trên xuống dưới” và “Từ trái qua phải”.

線(せん)を 書(か)く 方向(ほうこう) Stroke order Phương hướng khi viết các nét		形(かたち) Shape Hình dạng 基本(きほん) / 小 / ハネ	漢字(かんじ) Completed *kanji* Chữ Hán
上(うえ)→下(した) Top to bottom Từ trên xuống dưới	①		土 来 京 水 行
	②		人 来 火 学 話
	③		大 来 雨 気 話
左(ひだり)→右(みぎ) Left to right Từ trái qua phải	④	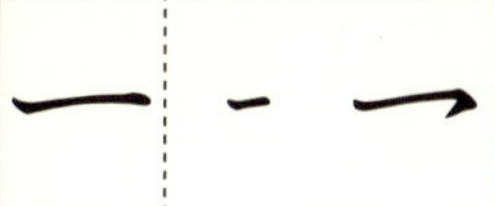	生 来 年 字 話
上(うえ)→下(した)→右(みぎ)	⑤		先 兄 七 九 電
上(うえ)から 始(はじ)まる 組(く)み合(あ)わせ Stroke combinations that start from the top Tổ hợp bắt đầu từ trên xuống	①+④		山 出 台 会 去
	②+④		女 安 母 紙 海
左(ひだり)から 始(はじ)まる 組(く)み合(あ)わせ Stroke combinations that start from the left Tổ hợp bắt đầu từ trái qua	④+①		口 円 月 聞 高
	④+②		名 多 友 男 万

Q１．次の 線は どこに ありますか。漢字の 上から 書きましょう。
（答えは 前の ページ）

Where in the *kanji* below do the following strokes (at left) occur? Write the line above the *kanji*. (The answers can be found on the previous page).

Các nét sau đây thì ở đâu ? Hãy viết các nét đó lên trên chữ Hán như các ví dụ bên dưới . (Đáp án ở trang trước)

①丨（上→下）（例）校（１）来（２）京（３）水（４）行

②ノ（上→下）（例）校（１）来（２）火（３）学（４）話

③丶（上→下）（例）校（１）来（２）雨（３）気（４）話

④一（左→右）（例）校（１）来（２）年（３）字（４）話

①＋④ㄴ／②＋④く（上から 始まる 組み合わせ）

（例）山（１）出（２）会（３）女（４）安

④＋①フ／④＋②ク（左から 始まる 組み合わせ）

（例）口（１）月（２）聞（３）多（４）万

２◆漢字を 書く ときの 大きな ルールは 二つです。

When you write *kanji*, there are two major rules.

Khi viết chữ Hán, trình tự viết cơ bản có 2 quy tắc lớn.

①上から 下に 書きます。

Write the top stroke first and work down.

Viết từ trên xuống dưới.

（例１）三

②左から 右に 書きます。

Write the left stroke first and work to the right.

Viết từ trái qua phải.

（例２）川

①’ 上と 下に 分けられる 漢字は、上の 部分から 書きます。

With *kanji* that are divided into upper and lower parts, you start with the upper part.

Chữ Hán nào mà có chia ra trên và dưới thì sẽ viết từ bộ phận phía trên xuống.

（例３）六、先、学、電

②’ 左と 右に 分けられる 漢字は、左の 部分から 書きます。

With *kanji* that are divided into left and right parts, you start from the left.

Chữ Hán mà nào mà có chia ra trái và phải thì sẽ viết từ bộ phận phía trái qua.

（例４）校、語、後、時

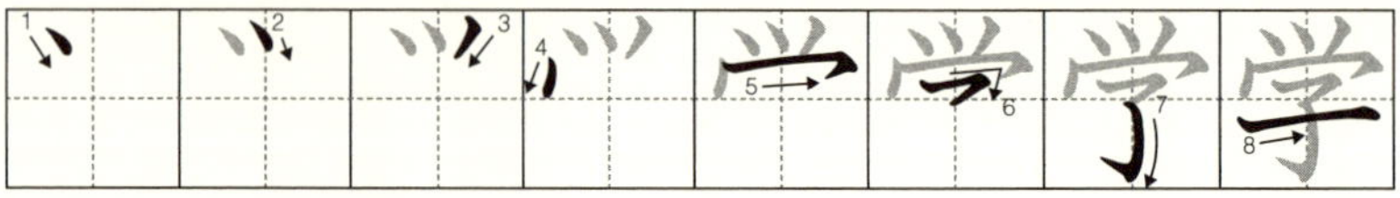

1

ことば	読み方	書き取り
名前	なまえ	
国	くに	
大学	だいがく	
学校	がっこう	
学生	がくせい	
先生	せんせい	
日本	にほん	
中国	ちゅうごく	
日本語	にほんご	
日本人	にほんじん	
ベトナム人	べとなむじん	

やってみましょう

1　ジョンさんは　アメリカじんです。　(a 入　b 人　c 丈)

2　お名前は？　(a なほえ　b おめい　c なまえ)

1

書き方練習（かきかたれんしゅう）

名	名					国	国				
大	大					学	学				
校	校					生	生				
日	日					本	本				
人	人										
名	前	名	前		前		前		前		前
大	学	大	学								
学	校	学	校								
学	生	学	生								
先	生	先	生	先		先		先		先	
日	本	日	本								
中	国	中	国	中		中		中		中	
日	本	語	日	本	語			語			語
日	本	人	日	本	人						
ベ	ト	ナ	ム	人	ベ	ト	ナ	ム	人		

★

お	国	は	？	お	国	は	？				

こたえ　1. b　2. c

2

ことば	読み方	書き取り
水	みず	
本	ほん	
車	くるま	
電話	でんわ	
肉	にく	
牛肉	ぎゅうにく	
牛どん	ぎゅうどん	
インドネシア語	いんどねしあご	
親子	おやこ	
あの人	あのひと	
何ですか。	なんですか。	

やってみましょう

1　これは　ぎゅうどんです。　(a 午　b 牛　c 干)

2　これは　わたしの　電話です。　(a てんは　b でんわん　c でんわ)

書き方練習（かきかたれんしゅう）

2

	水	水					牛	牛				
	語	語					子	子				
	何	何										
	牛	肉	牛	肉		肉		肉		肉		肉
	牛	ど	ん	牛	ど	ん						
	イ	ン	ド	ネ	シ	ア	語	イ	ン	ド	ネ	シ
	ア	語										
	親	子	親	子	親		親		親		親	
	あ	の	人	あ	の	人						
	何	で	す	か	。	何	で	す	か	。		
★	日	本	語	日	本	語						
★	こ	の	本	こ	の	本						

こたえ　1. b　2. c

3

ことば	読み方	書き取り
一	いち	
二	に	
三	さん	
四	よん・し	
五	ご	
六	ろく	
七	なな・しち	
八	はち	
九	きゅう・く	
十	じゅう	
百	ひゃく	
千	せん	
万	まん	
六 百 円	ろっ ぴゃく えん	
八 千 円	はっ せん えん	
四 万 九 千 円	よん まん きゅう せん えん	
三 百 七 十 円	さん びゃく なな じゅう えん	

やってみましょう

1　これは　はちまんえんです。　（a 六万円　b 八方同　c 八万円）

2　八百円（えん）です。　（a はちびゃく　b はっぴゃく　c はびゃく）

書き方練習

一	一					二	二				
三	三					四	四				
五	五					六	六				
七	七					八	八				
九	九					十	十				
百	百					千	千				
万	万					円	円				
六	百	円	六	百	円						
八	千	円	八	千	円						
四	万	九	千	円	四	万	九	千	円		
三	百	七	十	円	三	百	七	十	円		
★五	千	八	百	円	五	千	八	百	円		

こたえ　1. c　2. b

4

ことば	読(よ)み方(かた)	書(か)き取(と)り
お金	おかね	
切手	きって	
雑誌	ざっし	
食堂	しょくどう	
教室	きょうしつ	
コンピューター室	こんぴゅーたーしつ	
図書館	としょかん	
今日	きょう	
書きます	かきます	
読みます	よみます	
食べます	たべます	
見ます	みます	
時々	ときどき	
何をしますか。	なにをしますか。	

やってみましょう

1 本(ほん)を よみます。 (a 語　b 読　c 話)

2 ここは 図書館です。(a としょうかん　b とうしょうかん　c としょかん)

4

書き方練習

金	金					食	食				
室	室					今	今				
読	読					時	時				
お	金	お	金								
食	堂	食	堂		堂		堂		堂		堂
教	室	教	室	教		教		教		教	
コ	ン	ピ	ュ	ー	タ	ー	室	コ	ン	ピ	ュ
ー	タ	ー	室								
今	日	今	日								
読	み	ま	す	読	み	ま	す				
食	べ	ま	す	食	べ	ま	す				
時	々	時	々								
何	を	し	ま	す	か	。	何	を	し	ま	す
か	。										
★ 本	を	読	み	ま	す	。	本	を	読	み	ま
す	。										

こたえ　1. b　2. c

5

ことば	読み方	書き取り
会話	かいわ	
今	いま	
今週	こんしゅう	
先週	せんしゅう	
来週	らいしゅう	
月曜日	げつようび	
火曜日	かようび	
水曜日	すいようび	
木曜日	もくようび	
金曜日	きんようび	
土曜日	どようび	
日曜日	にちようび	
午前	ごぜん	
午後	ごご	
五分	ごふん	
二十分	にじゅっぷん	
四時半	よじはん	
入ります	はいります	
休みます	やすみます	

やってみましょう

1　もく曜日、何を　しますか。（a 木　　b 水　　c 禾）

2　先週の　月曜日　　　　　（a せしゅう　　b せんしゅう　　c せんしゅ）

書き方練習（か　かたれんしゅう）

週	週					月	月				
火	火					木	木				
土	土					午	午				
分	分					休	休				
今	週	今	週								
来	週	来	週	来		来		来		来	
月	曜	日	月	曜	日		曜			曜	
火	曜	日	火	曜	日		曜			曜	
水	曜	日	水	曜	日		曜			曜	
木	曜	日	木	曜	日		曜			曜	
金	曜	日	金	曜	日		曜			曜	
土	曜	日	土	曜	日		曜			曜	
日	曜	日	日	曜	日		曜			曜	
午	前	午	前		前		前		前		前
五	分	五	分								
四	時	半	四	時	半			半			半
休	み	ま	す	休	み	ま	す				

こたえ　1. a　2. b

6

ことば	読み方（よみかた）	書き取り（かきとり）
電車	でんしゃ	
病院	びょういん	
朝	あさ	
昼	ひる	
夜	よる	
今年	ことし	
去年	きょねん	
来年	らいねん	
高校生	こうこうせい	
田中さん	たなかさん	
行きます	いきます	
来ます	きます	

一月	いちがつ	六日	むいか
四月	しがつ	七日	なのか
七月	しちがつ	八日	ようか
九月	くがつ	九日	ここのか
一日	ついたち	十日	とおか
二日	ふつか	十一日	じゅういちにち
三日	みっか	二十日	はつか
四日	よっか	二十四日	にじゅうよっか
五日	いつか	三十日	さんじゅうにち

やってみましょう

1 今日（きょう）は　よっかです。　（a 四日　b 四目　c 八日）

2 病院へ　行（い）きます。　（a びよいん　b びょいん　c びょういん）

書き方練習

電	電					車	車				
夜	夜					年	年				
去	去					来	来				
行	行										
電	車	電	車								
今	年	今	年								
去	年	去	年								
来	年	来	年								
高	校	生	高	校	生	高			高		
行	き	ま	す	行	き	ま	す				
来	ま	す	来	ま	す						
一	月	一	月								
四	月	四	月								
三	日	三	日								
九	日	九	日								

★

電	車	で	行	き	ま	す	。	電	車	で	行
き	ま	す	。								

こたえ　1. a　2. c

漢字(かんじ)の ストラテジー 2　*Kanji* strategy 2　Chiến lược chữ Hán 2

漢字(かんじ)って 何(なに)？　What are *kanji*?　Chữ Hán là gì?

1◆日本語(にほんご)は 「ひらがな・カタカナ・漢字(かんじ)」を 書(か)き分(わ)けると、ことばの まとまりが わかりやすく なります。

Japanese writing uses three different scripts, *hiragana*, *katakana* and *kanji*, making it easier to differentiate separate words and word-elements.

Sự kết hợp của các từ trong tiếng Nhật sẽ trở nên dễ hiểu hơn nếu viết và phân loại ra các chữ Hiragana, Katakana, Kanji.

（例(れい)１）ごっくさんはあしがいたいので、ばすでやまのうえのびょういんへいきます。

（例(れい)２）ゴックさんは足(あし)が痛(いた)いので、バスで山(やま)の上(うえ)の病院(びょういん)へ行(い)きます。

2◆漢字(かんじ)には 音(おと)と 意味(いみ)が あります。漢字(かんじ)で 書(か)くと、意味(いみ)が わかります。

Kanji have their own sounds and meanings. When you write a *kanji*, the meaning becomes clear.

Có âm và ý nghĩa trong chữ Hán. Ta sẽ hiểu ý nghĩa nếu viết bằng chữ Hán.

（例(れい)３）【音(おと)】　きる／キル

【音(おと)＋意味(いみ)】　着(き)る（Wear, put on　Mặc (quần áo)）

切(き)る（Cut　Cắt）

3◆漢字(かんじ)の 学習(がくしゅう)は ことばの 学習(がくしゅう)です。漢字(かんじ)を 組(く)み合(あ)わせる ことで、新(あたら)しい ことばが できます。

The study of *kanji* is the study of Japanese words. By combining *kanji*, you can make new words.

Học chữ Hán là học từ vựng. Kết hợp các chữ Hán lại với nhau sẽ có được từ vựng mới.

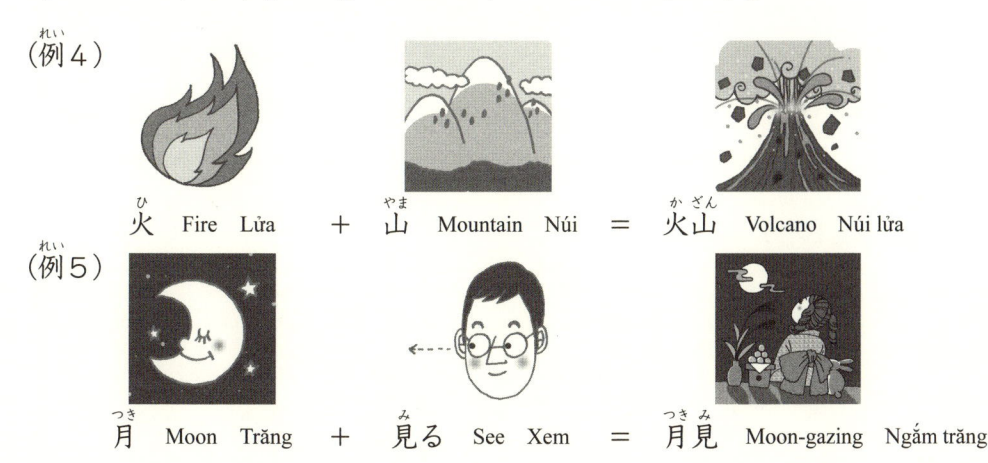

（例(れい)４）

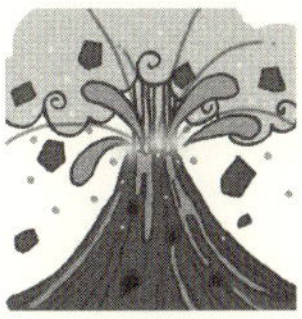

火(ひ) Fire Lửa ＋ 山(やま) Mountain Núi ＝ 火山(かざん) Volcano Núi lửa

（例(れい)５）

月(つき) Moon Trăng ＋ 見(み)る See Xem ＝ 月見(つきみ) Moon-gazing Ngắm trăng

4◆「印刷文字(いんさつもじ)」と 「手書き文字(てがきもじ)」の 形(かたち)が 違(ちが)う ことが あります。印刷文字(いんさつもじ)を まねして 書(か)いても、読(よ)めない ことが あります。

The shapes of printed and handwritten characters sometimes differ.Even if the printed style for *kanji* is copied, you may not always be able to read them.

Có sự khác nhau trong kiểu viết của chữ in và chữ viết tay. Có trường hợp dù bắt chước viết theo Chữ in nhưng cũng không thể đọc được.

〈印刷文字(いんさつもじ)〉　〈手書き文字(てがきもじ)〉

教室　教室

日本人　日本人

北海道　北海道

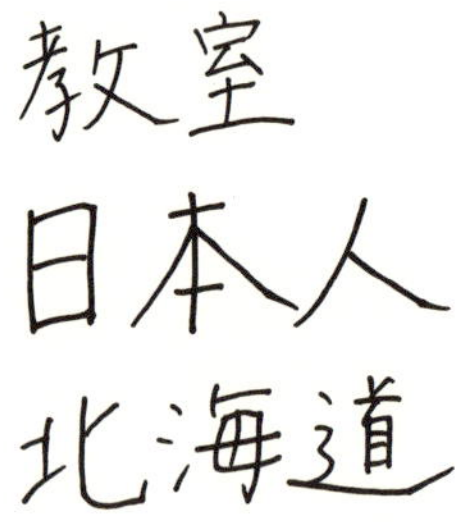

5◆書(か)き順(じゅん) 通(どお)りに 書(か)くと、きれいに 書(か)けます。

You can write *kanji* beautifully if you follow the given stroke order.　Nếu viết theo thứ tự sẽ có thể viết đẹp.

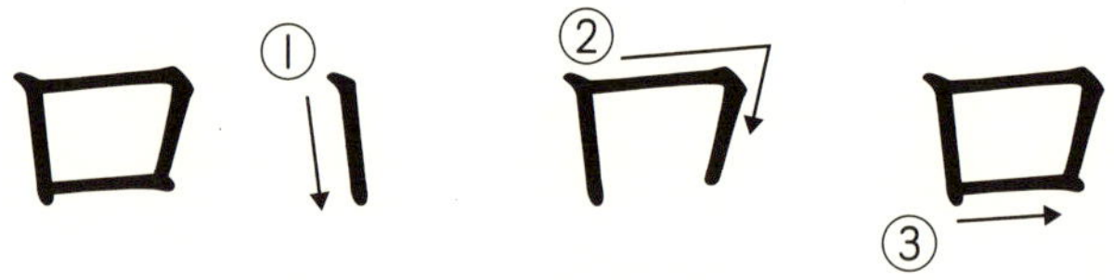

Q1. 漢字(かんじ)の 「ロ（くち）」は どれ でしょうか。

Which of these is the *kanji* ロ（くち）?　Chữ Hán「ロ（くち）」là chữ nào ?

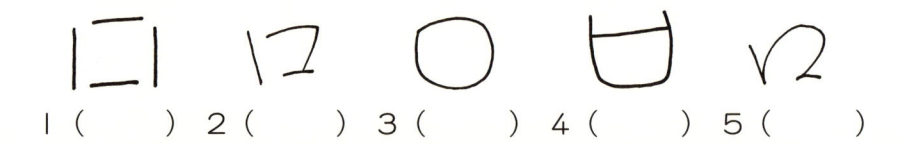

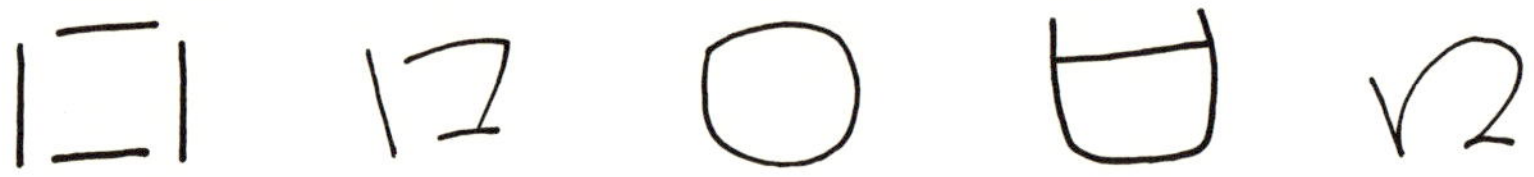

1（　　）2（　　）3（　　）4（　　）5（　　）

こたえ【Q1】 2、5。書(か)き順(じゅん)が 正(ただ)しいです から、少(すこ)し 形(かたち)が 違(ちが)っても わかります。
1、3、4は 漢字(かんじ)だと 思(おも)いません。絵(え)や 記号(きごう)に 見(み)えます。

The answer is 2 and 5. Even though they differ slightly, you can tell because the stroke order is correct.
1, 3 and 4 cannot really be regarded as *kanji*. They look like pictures or symbols.

Đáp án: 2, 5. Vì thứ tự viết đúng nên cả khi chữ viết có khác đôi chút cũng hiểu được.
1, 3 và 4 không được xem như là chữ Hán. Mà có thể thấy giống như tranh vẽ hay kí hiệu.

7

ことば	読み方	書き取り
山	やま	
※川	かわ	
花	はな	
食べ物	たべもの	
建物	たてもの	
大きい	おおきい	
小さい	ちいさい	
高い	たかい	
安い	やすい	
古い	ふるい	
広い	ひろい	
白い	しろい	
黒い	くろい	
赤い	あかい	
青い	あおい	
元気［な］	げんき［な］	
親切［な］	しんせつ［な］	
大変［な］	たいへん［な］	
有名［な］	ゆうめい［な］	

やってみましょう

1 しろい 花（はな）　(a 目い　b 白い　c 百い)

2 小さい 山（やま）　(a ちさい　b ちいさい　c しっさい)

書き方練習

7

	山	山					川	川				
	小	小					高	高				
	安	安					古	古				
	広	広					白	白				
	小	さ	い	小	さ	い						
	高	い	高	い								
	安	い	安	い								
	古	い	古	い								
	広	い	広	い								
	白	い	白	い								
	大	変	大	変		変		変		変		変
	有	名	有	名	有		有		有		有	
★	小	さ	い	子	小	さ	い	子				
★	高	い	山	高	い	山						
★	古	い	学	校	古	い	学	校				
★	大	き	い	川	大	き	い	川				
★	安	い	車	安	い	車						

こたえ　1. b　2. b

8

ことば	読み方	書き取り
店	みせ	
食堂	しょくどう	
上	うえ	
下	した	
前	まえ	
後ろ	うしろ	
外	そと	
中	なか	
間	あいだ	
近く	ちかく	
男の子	おとこのこ	
女の人	おんなのひと	
一人	ひとり	
二人	ふたり	
百人	ひゃくにん	
何人	なんにん	
東口	ひがしぐち	
西口	にしぐち	
南口	みなみぐち	
北口	きたぐち	
東京	とうきょう	
田中さん	たなかさん	

やってみましょう

1　店の　ちかく　　(a 近く　b 折く　c 辺く)

2　東口に　います。　(a ひかしくち　b ひがしくじ　c ひがしぐち)

書き方練習

8

	店	店					堂	堂				
	後	後					中	中				
	近	近					男	男				
	女	女					田	田				
	食	堂	食	堂								
	後	ろ	後	ろ								
	近	く	近	く								
	男	の	子	男	の	子						
	女	の	人	女	の	人						
	一	人	一	人								
	何	人	何	人								
	田	中	さ	ん	田	中	さ	ん				
★	近	く	の	店	近	く	の	店				
★	店	の	中	に	男	の	子	が	い	ま	す	。
	店	の	中	に	男	の	子	が	い	ま	す	。

こたえ　1. a　2. c

9

ことば	読み方	書き取り
天気	てんき	
雨	あめ	
英語	えいご	
買い物	かいもの	
先生	せんせい	
父	ちち	
母	はは	
兄	あに	
姉	あね	
お父さん	おとうさん	
お母さん	おかあさん	
お兄さん	おにいさん	
お姉さん	おねえさん	
弟さん	おとうとさん	
妹さん	いもうとさん	
上手［な］	じょうず［な］	
下手［な］	へた［な］	
好き［な］	すき［な］	
早く	はやく	

やってみましょう

1　あの　人(ひと)は　せんせいです。　(a 元生　b 先生　c 先生)

2　兄が　一人(ひとり)　います。　(a あね　b おに　c あに)

書き方練習（かきかたれんしゅう）

	天	天					雨	雨				
	英	英					先	先				
	父	父					母	母				
	上	上					手	手				
	下	下										
	天	気	天	気		気		気		気		気
	英	語	英	語								
	先	生	先	生								
	お	父	さ	ん	お	父	さ	ん				
	お	母	さ	ん	お	母	さ	ん				
	上	手	上	手								
	下	手	下	手								
★	英	語	の	先	生	英	語	の	先	生		
★	母	は	テ	ニ	ス	が	上	手	で	す	。	母
	は	テ	ニ	ス	が	上	手	で	す	。		

こたえ　1. c　2. c

10

ことば	読み方	書き取り
時計	とけい	
石けん	せっけん	
お茶	おちゃ	
色	いろ	
注文	ちゅうもん	
一台	いちだい	
送ります	おくります	
買います	かいます	
貸します	かします	
習います	ならいます	
話します	はなします	
教えます	おしえます	
借ります	かります	

やってみましょう

1　せっけんを　買いました。　(a 右けん　b 石けん　c 台けん)

2　ご注文は？　(a ちゅもん　b ちゅうもん　c じゅもん)

書き方練習（かきかたれんしゅう）

	計	計					石	石				
	台	台					買	買				
	話	話					借	借				
	時	計	時	計								
	石	け	ん	石	け	ん						
	一	台	一	台								
	買	い	ま	す	買	い	ま	す				
	話	し	ま	す	話	し	ま	す				
	借	り	ま	す	借	り	ま	す				
★	車	を	二	台	借	り	ま	し	た	。	車	を
	二	台	借	り	ま	し	た	。				

こたえ　1. b　2. b

11

ことば	読み方	書き取り
春	はる	
夏	なつ	
秋	あき	
冬	ふゆ	
夏休み	なつ<u>やす</u>み	
体	<u>からだ</u>	
目	<u>め</u>	
口	<u>くち</u>	
足	<u>あし</u>	
手	<u>て</u>	
首	<u>くび</u>	
飲み物	のみもの	
留学生	りゅう<u>がく</u><u>せい</u>	
明るい	<u>あか</u>るい	
多い	<u>おお</u>い	
少ない	<u>すく</u>ない	
長い	ながい	
大切［な］	<u>たい</u>せつ［な］	

やってみましょう

1　この　へやは　<u>あかるい</u>です。　（a 明るい　b 朋るい　c 日月るい）

2　しごとは　<u>大切</u>です。　（a だいせつ　b たいせっつ　c たいせつ）

書き方練習

	体	体					目	目				
	口	口					足	足				
	首	首					明	明				
	多	多					少	少				
	手	手										
	留	学	生	留	学	生	留			留		
	明	る	い	明	る	い						
	多	い	多	い								
	少	な	い	少	な	い						
	大	切	大	切		切		切		切		切
★	父	は	目	が	大	き	い	で	す	。	父	は
	目	が	大	き	い	で	す	。				
★	こ	の	学	校	は	留	学	生	が	多	い	で
	す	。	こ	の	学	校	は	留	学	生	が	多
	い	で	す	。								

こたえ　1. a　2. c

12

ことば	読み方	書き取り
友達	ともだち	
天気	てんき	
ま 鳥	とり	
花見	はなみ	
L 花火	はなび	
L 月見	つきみ	
質問	しつもん	
ま 答え	こたえ	
時間	じかん	
一週間	いっしゅうかん	
半年	はんとし	
二時間半	にじかんはん	
重い	おもい	
着ます	きます	

やってみましょう

1　いい　てんき　です。　　（a 元気　b 夫気　c 天気）

2　半年　べんきょうしました。　（a はんとし　b ぱんどし　c ばんねん）

書き方練習

12

友	友					気	気				
花	花					間	間				
半	半					重	重				
友	達	友	達		達		達		達		達
天	気	天	気								
花	見	花	見		見		見		見		見
花	火	花	火								
月	見	月	見		見		見		見		見
時	間	時	間								
一	週	間	一	週	間						
半	年	半	年								
二	時	間	半	二	時	間	半				
重	い	重	い								
★ 先	週	は	い	い	天	気	で	し	た	。	先
週	は	い	い	天	気	で	し	た	。		

こたえ　1. c　2. a

漢字(かんじ)の ストラテジー 3 *Kanji* strategy 3 Chiến lược chữ Hán 3

漢字(かんじ)の 成(な)り立(た)ち How *kanji* came about Sự thành lập của chữ Hán

1◆絵(え)から できた 漢字(かんじ)や、記号(きごう)から できた 漢字(かんじ)は、漢字(かんじ)の 形(かたち)を 見(み)ると 意味(いみ)が イメージできます。形(かたち)と 意味(いみ)の つながりを 考(かんが)えると、覚(おぼ)えやすく なります。

With *kanji* based on pictorial representations and symbols, you can imagine what the meaning is just by looking at the form. They are easier to remember if you take note of the link between shape and meaning.

Chữ Hán mà hình thành từ ký hiệu hay từ tranh vẽ thì có thể hình dung ra ý nghĩa nếu nhìn hình dạng của chữ Hán đó. Nếu suy nghĩ về sự kết nối giữa hình dạng và ý nghĩa sẽ trở nên dễ nhớ hơn.

①絵(え)から できた 漢字(かんじ) *Kanji* that are based on pictorial representation Chữ Hán hình thành từ tranh vẽ

Q1. 絵(え)と 合(あ)う 漢字(かんじ)は どれですか。

Which images do the *kanji* below match up with? Chữ Hán hợp với tranh là chữ nào?

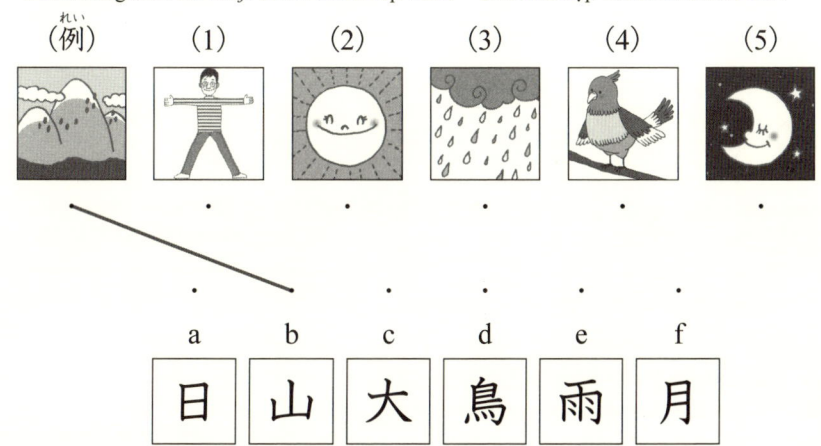

(例(れい)) (1) (2) (3) (4) (5)

a	b	c	d	e	f
日	山	大	鳥	雨	月

②記号(きごう)から できた 漢字(かんじ) *Kanji* that are based on symbols Chữ Hán hình thành từ ký hiệu

Q2. 記号(きごう)と 合(あ)う 漢字(かんじ)は どれですか。

Which symbols do the *kanji* below match up with? Chữ Hán thích hợp với ký hiệu là chữ nào?

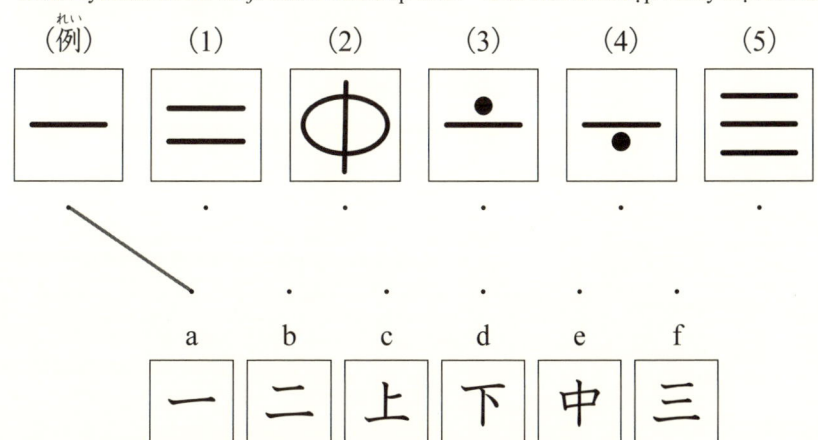

(例(れい)) (1) (2) (3) (4) (5)

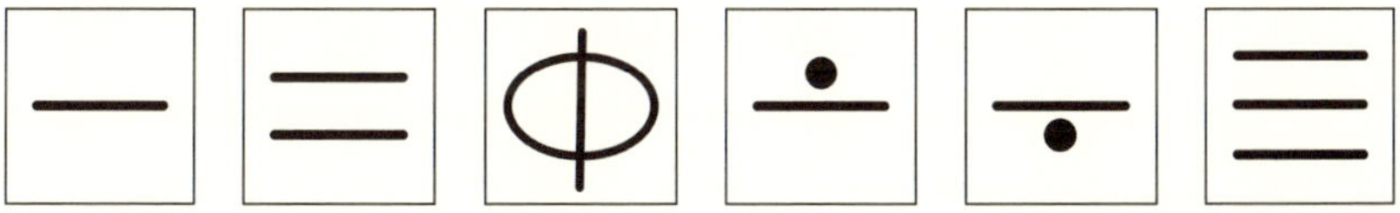

a	b	c	d	e	f
一	二	上	下	中	三

2◆二つ 以上の 漢字を 組み合わせて できた 漢字が あります。

Some *kanji* are written by combining two or more other *kanji*.

Loại chữ Hán được kết hợp từ 2 chữ Hán trở lên.

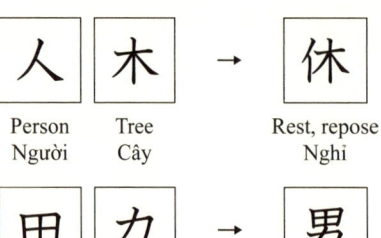

人	木	→	休
Person Người	Tree Cây		Rest, repose Nghỉ
田	力	→	男
Field Ruộng	Strength Lực		Man, male Nam

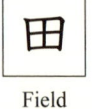

3◆漢字には、意味を 表す 部分が あります。

In *kanji*, there are elements that express meaning.

Loại chữ Hán có bộ phận biểu thị ý nghĩa trong chữ Hán đó.

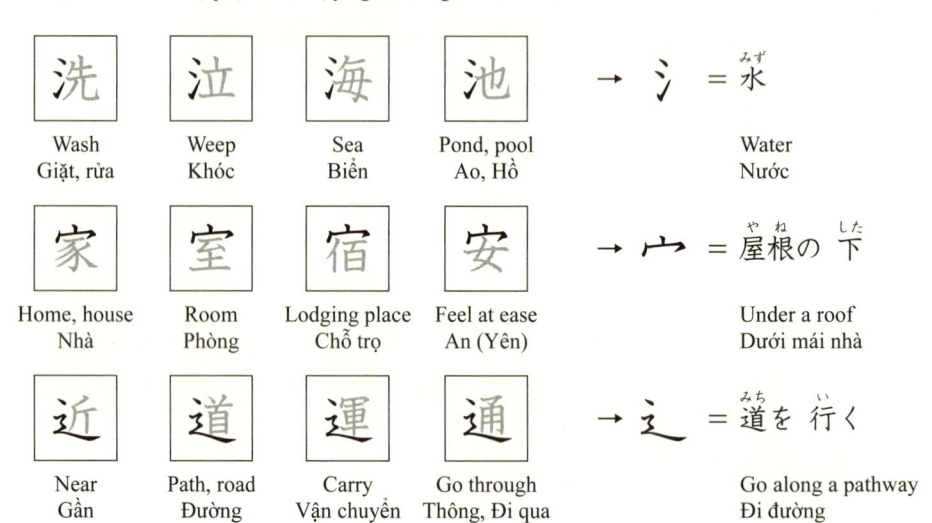

洗	泣	海	池	→	氵	= 水
Wash Giặt, rửa	Weep Khóc	Sea Biển	Pond, pool Ao, Hồ			Water Nước
家	室	宿	安	→	宀	= 屋根の 下
Home, house Nhà	Room Phòng	Lodging place Chỗ trọ	Feel at ease An (Yên)			Under a roof Dưới mái nhà
近	道	運	通	→	辶	= 道を 行く
Near Gần	Path, road Đường	Carry Vận chuyển	Go through Thông, Đi qua			Go along a pathway Đi đường

こたえ 【Q１】（１）c（２）a（３）e（４）d（５）f

【Q２】（１）b（２）e（３）c（４）d（５）f

13

ことば	読み方	書き取り
大学院	だいがくいん	
市役所	しやくしょ	
※外国人	がいこくじん	
工学	こうがく	
見学	けんがく	
読み方	よみかた	
作り方	つくりかた	
四年生	よねんせい	
大丈夫［な］	だいじょうぶ［な］	
持ちます	もちます	
使います	つかいます	

13

やってみましょう

1　読みかたが　わかりません。　(a 万　b 方　c 力)

2　大丈夫ですか。　(a たいじょぶ　b だいじょぶ　c だいじょうぶ)

書き方練習

院	院					市	市				
外	外					工	工				
見	見					方	方				
大	学	院	大	学	院						
市	役	所	市	役	所		役	所		役	所
外	国	人	外	国	人						
工	学	工	学								
見	学	見	学								
読	み	方	読	み	方						
作	り	方	作	り	方	作			作		
四	年	生	四	年	生						
大	丈	夫	大	丈	夫		丈	夫		丈	夫
★花	火	を	見	に	行	き	ま	す	。	花	火
を	見	に	行	き	ま	す	。				

13

こたえ　1. b　2. c

14

ことば	読み方	書き取り
海	うみ	
写真	しゃしん	
料金	りょうきん	
電話料金	でんわりょうきん	
自分	じぶん	
会います	あいます	
死にます	しにます	
待ちます	まちます	
始めます	はじめます	
見せます	みせます	
出かけます	でかけます	
この前	このまえ	

やってみましょう

1　かのじょを　まちます。　（a 待ち　b 持ち　c 侍ち）

2　料金を　はらいます。　（a りょっきん　b りょきん　c りょうきん）

書き方練習

	自	自					会	会				
	死	死					待	待				
	始	始					出	出				
	前	前										
	料	金	料	金	料		料		料		料	
	電	話	料	金	電	話	料	金			料	
	自	分	自	分								
	会	い	ま	す	会	い	ま	す				
	死	に	ま	す	死	に	ま	す				
	待	ち	ま	す	待	ち	ま	す				
	始	め	ま	す	始	め	ま	す				
	見	せ	ま	す	見	せ	ま	す				
	出	か	け	ま	す	出	か	け	ま	す		
	こ	の	前	こ	の	前						
★	午	前	午	前								
★	食	堂	で	先	生	に	会	い	ま	し	た	。
	食	堂	で	先	生	に	会	い	ま	し	た	。

14

こたえ　1. a　2. c

15

ことば	読み方	書き取り
辞書	じしょ	
住所	じゅうしょ	
台所	だいどころ	
魚	さかな	
書き方	かきかた	
洗う	あらう	
言う	いう	
書く	かく	
急ぐ	いそぐ	
運ぶ	はこぶ	
上がる	あがる	
切る	きる	
取る	とる	
集める	あつめる	
もう一度	もういちど	

15

やってみましょう

1 じゅうしょを　書(か)きます。　(a 往所　b 住近　c 住所)

2 取って　ください。　(a かって　b とって　c いって)

書き方練習

（か／かたれんしゅう）

書	書					住	住				
所	所					魚	魚				
洗	洗					言	言				
切	切										
辞	書	辞	書	辞		辞		辞		辞	
住	所	住	所								
台	所	台	所								
書	き	方	書	き	方						
洗	う	洗	う								
言	う	言	う								
書	く	書	く								
上	が	る	上	が	る						
切	る	切	る								
も	う	一	度	も	う	一	度				度
★ 住	所	を	書	い	て	く	だ	さ	い	。	住
所	を	書	い	て	く	だ	さ	い	。		

こたえ　1. c　2. b

16

ことば	読(よ)み方(かた)	書(か)き取(と)り
場所	ばしょ	
空港	くうこう	
動物	どうぶつ	
中学生	ちゅうがくせい	
本当	ほんとう	
毎日	まいにち	
毎週	まいしゅう	
毎月	まいつき	
毎年	まいとし	
東京	とうきょう	
聞く	きく	
知る	しる	
住む	すむ	
乗る	のる	
入る	はいる	
入れる	いれる	
止める	とめる	
乗り換える	のりかえる	

16

やってみましょう

1　とうきょうに　住(す)んで　います。　（a 東京　b 東京　c 東東）

2　この　場所を　知(し)って　いますか。（a ばしょ　b ばしょう　c じょうしょ）

書(か)き方(かた)練習(れんしゅう)

空	空					毎	毎				
東	東					京	京				
知	知					乗	乗				
入	入										
場	所	場	所	場		場		場		場	
空	港	空	港		港		港		港		港
毎	日	毎	日								
毎	週	毎	週								
毎	月	毎	月								
毎	年	毎	年								
東	京	東	京								
知	る	知	る								
住	む	住	む								
乗	る	乗	る								
入	る	入	る								
入	れ	る	入	れ	る						
乗	り	換	え	る	乗	り	換	え	る		

こたえ　1. b　2. a

16

17

ことば	読み方	書き取り
池	いけ	
顔	かお	
新聞	しんぶん	
作文	さくぶん	
試験	しけん	
試合	しあい	
自転車	じてんしゃ	
市民グラウンド	しみんぐらうんど	
泣く	なく	
受ける	うける	
運転する	うんてんする	
来る	くる	
全部	ぜんぶ	
先に	さきに	

17

やってみましょう

1　サッカーの　しあいを　見ます。　（a 言式合　b 試合　c 話合）

2　運転します。　（a うんてん　b うんどう　c うんでい）

書き方練習

	池	池					顔	顔				
	作	作					文	文				
	試	試					合	合				
	民	民										
	作	文	作	文								
	試	験	試	験		験		験		験		験
	試	合	試	合								
	自	転	車	自	転	車		転			転	
	市	民	グ	ラ	ウ	ン	ド	市	民	グ	ラ	ウ
	ン	ド										
	来	る	来	る								
	先	に	先	に								
★	作	り	方	作	り	方						
★	池	に	入	る	池	に	入	る				
★	顔	を	洗	う	顔	を	洗	う				

17

こたえ　1. b　2. a

18

ことば	読み方	書き取り
会社	かいしゃ	
ガス会社	がすがいしゃ	
料理	りょうり	
歌	うた	
※ 歌手	かしゅ	
恋人	こいびと	
着物	きもの	
忘れ物	わすれもの	
富士山	ふじさん	
大好き［な］	だいすき［な］	
思い出す	おもいだす	
出す	だす	
飲む	のむ	
着る	きる	
別れる	わかれる	
気がつく	きがつく	
楽しみにする	たのしみにする	

やってみましょう

1　りょうりを 作（つく）ります。（a 料理　b 科理　c 料里）

2　思い出しました。　（a おもいでし　b おもいだし　c おまいだし）

書き方練習

社	社					料	料				
理	理					着	着				
好	好					飲	飲				
会	社	会	社								
ガ	ス	会	社	ガ	ス	会	社				
料	理	料	理								
歌	手	歌	手	歌		歌		歌		歌	
恋	人	恋	人	恋		恋		恋		恋	
着	物	着	物		物		物		物		物
富	士	山	富	士	山	富	士		富	士	
大	好	き	大	好	き						
出	す	出	す								
飲	む	飲	む								
着	る	着	る								
気	が	つ	く	気	が	つ	く				
★日	本	料	理	を	作	る	。	日	本	料	理
を	作	る	。								

18

こたえ　1. a　2. b

漢字の ストラテジー 4 *Kanji* strategy 4 Chiến lược chữ Hán 4

漢字の 「音読み」と 「訓読み」

Onyomi* and *kunyomi **Cách đọc "Onyomi" và "Kunyomi" của chữ Hán**

1◆漢字の 読み方には 「音」と 「訓」が あります。
「住所」の 「じゅう」は 音読みで、「住む」の 「す」は 訓読みです。

There are two ways of reading *kanji*, with the *onyomi* and with the *kunyomi*. The first syllable (juu) of 住所 uses the *onyomi* reading, and the first syllable (su) of 住む uses the *kunyomi* reading of 住.

Trong cách đọc của chữ Hán có âm "On" và "Kun". " じゅう " của " 住所 " là cách đọc âm "On" (Onyomi), và " す " của " 住む " là cách đọc âm "Kun" (Kunyomi).

漢字	音読み	訓読み
住	じゅう	す(む)
新	しん	あたら(しい)
山	さん	やま
後	ご	うし(ろ)

①音読み…中国から 伝わった 漢字の 発音を 真似して 作った 読み方です。
この 読み方は、一文字だけで 一つの ことばとして 使わない ことが 多いです。

Onyomi: These sounds are similar to the original Chinese pronunciations, as imported from China into Japanese. In many cases, *onyomi* cannot stand alone and have to be combined with another syllable.

Cách đọc âm Onyomi: Là cách đọc đã tạo ra khi bắt chước phát âm của chữ Hán được truyền vào từ Trung Quốc. Cách đọc này thường không được sử dụng với một từ mà chỉ có một chữ Hán

(例１) 住所、新聞、富士山、午後　　例外：肉、本 など

②訓読み…昔から 日本に ある 日本語の ことばの 読み方です。
訓読みの ことばは、ひらがなと 一緒に 使います。名詞には、ひらがなを 一緒に 使わない ことばが 多いです。

Kunyomi: These sounds are readings from traditional native Japanese. *Kunyomi* words generally comprise *kanji* combined with *hiragana*. There are many nouns which do not have *hiragana* elements and are written using only the *kanji* with its *kunyomi*.

Cách đọc âm Kunyomi : Là cách đọc của các từ tiếng Nhật đã có ở Nhật từ ngày xưa. Các từ của kiểu đọc "Kunyomi" thường sử dụng cùng với chữ Hiragana. Nhưng trong danh từ cũng có nhiều từ không sử dụng cùng với chữ Hiragana.

(例２) 住む、新しい、後ろ
(例３) 山、木

Q１．音読みは どちらですか。○を 書いて ください。

Which are *onyomi* words? Circle the correct answers.

Cách đọc âm Onyomi là chữ nào? Hãy khoanh tròn chữ đó.

（例）〔大〕 a. 大きい　ⓑ 大学

(1)〔行〕 a. 銀行　b. 行く　(2)〔高〕 a. 高い　b. 高校

(3)〔来〕 a. 来る　b. 来年　(4)〔今〕 a. 今週　b. 今

(5)〔前〕 a. この 前　b. 午前　(6)〔金〕 a. 金曜日　b. お金

(7)〔人〕 a. あの 人　b. ベトナム人　(8)〔先〕 a. 先生　b. 先に

２◆一つ 一つの 漢字ではなく、ことば全体で 特別に 読み方が 決まって いる 漢字の ことばが あります。

There are also certain words combining two or more *kanji* for which special readings exist.

Cũng có những từ chữ Hán không đọc từng chữ Hán một, mà có cách đọc đặc biệt được quy định riêng trong cả cụm từ của nó.

（例４）今日（きょう）　今朝（けさ）　今年（ことし）

昨日（きのう）　一日（ついたち）　二日（ふつか）

二十日（はつか）　一人（ひとり）　二人（ふたり）

大人（おとな）　上手（じょうず）　下手（へた）

時計（とけい）　七夕（たなばた）

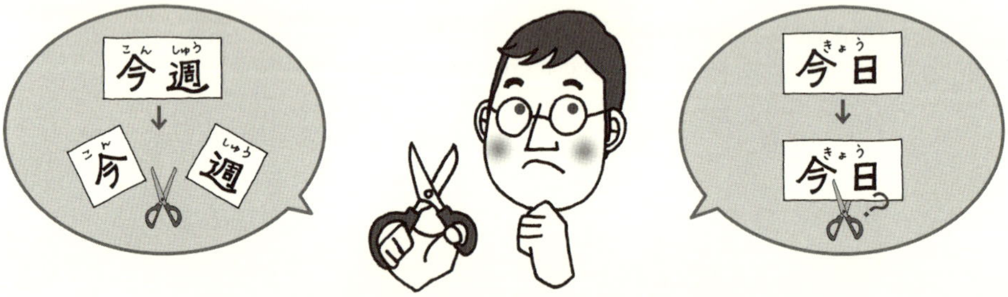

こたえ 【Q１】（1）a（2）b（3）b（4）a（5）b（6）a（7）b（8）a

19

ことば	読み方（よみかた）	書き取り（かきとり）
月	つき	
森	もり	
薬	くすり	
駅	えき	
※ 東京駅	とうきょうえき	
地下鉄	ちかてつ	
医者	いしゃ	
お医者さん	おいしゃさん	
人口	じんこう	
用事	ようじ	
気持ち	きもち	
※ 心	こころ	
忘年会	ぼうねんかい	
留学	りゅうがく	
元気 [な]	げんき [な]	
便利 [な]	べんり [な]	
思う	おもう	
お大事に。	おだいじに。	

19

やってみましょう

1　きもちが　よかった。　　(a 気待ち　b 気持ち　c 気侍ち)

2　日本（にほん）の　人口は　ふえない。　　(a にんぐち　b じんく　c じんこう)

書き方練習（か かたれんしゅう）

	森	森					駅	駅				
	地	地					持	持				
	心	心					元	元				
	思	思										
	東	京	駅	東	京	駅						
	地	下	鉄	地	下	鉄			鉄			鉄
	人	口	人	口								
	気	持	ち	気	持	ち						
	忘	年	会	忘	年	会	忘			忘		
	留	学	留	学	留		留		留		留	
	元	気	元	気								
	思	う	思	う								
	お	大	事	に	。	お	大	事	に	。		
			事					事				
★	こ	の	本	は	安	い	と	思	い	ま	す	。
	こ	の	本	は	安	い	と	思	い	ま	す	。

こたえ　1. b　2. c

20

ことば	読み方	書き取り
運動	うんどう	
ご飯	ごはん	
朝ご飯	あさごはん	
昼ご飯	ひるごはん	
問題	もんだい	
答え	こたえ	
紙	かみ	
新聞	しんぶん	
火	ひ	
科学者	かがくしゃ	
食事	しょくじ	
六回	ろっかい	
一本	いっぽん	
何本	なんぼん	
新しい	あたらしい	
生まれる	うまれる	
知らせる	しらせる	
役に立つ	やくにたつ	
以上です。	いじょうです。	

20

やってみましょう

1　あたらしい　シャツ　　(a 新しい　b 新い　c 親しい)

2　運動します。　　(a うんど　b うんどん　c うんどう)

書き方練習

	朝	朝					答	答				
	新	新					聞	聞				
	回	回					立	立				
	朝	ご	飯	朝	ご	飯			飯			飯
	答	え	答	え								
	新	聞	新	聞								
	科	学	者	科	学	者	科		者	科		者
	食	事	食	事		事		事		事		事
	六	回	六	回								
	一	本	一	本								
	何	本	何	本								
	新	し	い	新	し	い						
	生	ま	れ	る	生	ま	れ	る				
	知	ら	せ	る	知	ら	せ	る				
	役	に	立	つ	役	に	立	つ	役			
★	聞	く	聞	く								
★	立	つ	立	つ								

こたえ　1. a　2. c

21

ことば	読み方	書き取り
病気	びょうき	
台風	たいふう	
力	ちから	
道	みち	
交番	こうばん	
中止	ちゅうし	
強い	つよい	
弱い	よわい	
悪い	わるい	
心配［な］	しんぱい［な］	
着く	つく	
太る	ふとる	
注意する	ちゅういする	
勉強する	べんきょうする	
連絡する	れんらくする	
以下	いか	

21

やってみましょう

1 雨(あめ)が　ふったら、ちゅうしです。　(a 注意　b 中止　c 中正)

2 勉強を　しました。　(a べんきょ　b べんぎょ　c べんきょう)

書き方練習

	力	力					道	道				
	止	止					強	強				
	太	太					勉	勉				
	病	気	病	気	病		病		病		病	
	台	風	台	風		風		風		風		風
	中	止	中	止								
	強	い	強	い								
	心	配	心	配		配		配		配		配
	着	く	着	く								
	太	る	太	る								
	勉	強	す	る	勉	強	す	る				
	以	下	以	下	以		以		以		以	
★	二	十	万	円	以	下	二	十	万	円	以	下
					以						以	
★	道	に	ま	よ	う	道	に	ま	よ	う		

こたえ　1. b　2. c

22

ことば	読(よ)み方(かた)	書(か)き取(と)り
[ま] 小学校	しょうがっこう	
人形	にんぎょう	
手紙	てがみ	
遠く	とおく	
区	く	
町	まち	
※ 村	むら	
※ さいたま 市	さいたまし	
東京都	とうきょうと	
※ 青森県	あおもりけん	
長崎県	ながさきけん	
[ま] 同じ	おなじ	
合格する	ごうかくする	
連れて行く	つれていく	
連れて来る	つれてくる	
この間	このあいだ	
お世話になりました。	おせわになりました。	

やってみましょう

1　あの人(ひと)は　おなじ　クラスです。（a 向じ　　b 同じ　　c 何じ）

2　試験(しけん)に　合格しました。　　　（a こうがく　　b ごうかく　　c ごがく）

書き方練習

（か　かたれんしゅう）

	区	区					町	町				
	村	村					県	県				
	長	長					同	同				
	小	学	校	小	学	校						
	さ	い	た	ま	市	さ	い	た	ま	市		
	青	森	県	青	森	県	青			青		
	長	崎	県	長	崎	県		崎			崎	
	同	じ	同	じ								
	合	格	す	る	合	格	す	る		格		
	連	れ	て	行	く	連	れ	て	行	く		
	連					連						
	連	れ	て	来	る	連	れ	て	来	る		
	連					連						
	こ	の	間	こ	の	間						
	お	世	話	に	な	り	ま	し	た	。		
	お	世	話	に	な	り	ま	し	た	。		
★	長	い	長	い								

こたえ　1. b　2. b

22

パート２

◇**各課クイズ**

◇**まとめクイズ**

クイズを　しよう。
できなかった　ところは
もう　一度　チャレンジ！

1【よみ】

なまえ＿＿＿＿＿＿＿＿＿＿ ／10

1 お＿名前＿は？

2 ＿日本人＿の＿先生＿

3 ＿日本語＿の＿学校＿

4 リンさんは　タイ＿人＿です。＿大学＿の＿学生＿です。

5 A：お＿国＿は？　B：＿中国＿です。

2【よみ】

なまえ＿＿＿＿＿＿＿＿＿＿ ／10

1 A：これは＿何＿ですか。　B：＿電話＿です。

2 ＿牛＿どんですか。＿親子＿どんですか。

3 これは　わたしの＿水＿です。

4 この＿車＿は　あの＿人＿のです。

5 これは＿学生＿の＿日本語＿の＿本＿です。

1 【かき】　　なまえ＿＿＿＿＿＿＿＿　　／10

1 □□(だいがく) の 先(せん)□(せい) です。

2 □□(にほん) 語(ご)の □□(がっこう)

3 A：お□(くに) は？

B：わたしは　タイ□(じん) です。□(な)前(まえ)は　ワラポンです。

---

2 【かき】　　なまえ＿＿＿＿＿＿＿＿　　／10

1 これは □(みず) です。

2 これは □□□(にほんご) の □(ほん) です。

3 親(おや)□(こ) どんの 肉(にく)は □(ぎゅう)肉(にく)じゃ ありません。

4 あの □(ひと) の □(な)前(まえ)は □(なん) ですか。

3【よみ】　なまえ＿＿＿＿＿＿＿＿　／10

1 ＿二＿かい　2 ＿五＿かい

3 ＿一円＿　4 ＿十円＿

5 ＿七十円＿　6 ＿三百円＿

7 ＿六百円＿　8 ＿八千円＿

9 ＿九千円＿　10 ＿四万円＿

4【よみ】　なまえ＿＿＿＿＿＿＿＿　／10

1 ＿食堂＿で ＿何＿を ＿食べ＿ますか。

2 どこで ＿切手＿を かいますか。

3 ＿図書館＿で ＿雑誌＿を ＿読み＿ます。

4 ＿今日＿ お＿金＿を おろします。

5 うちで テレビを ＿見＿ます。

3 【かき】

なまえ＿＿＿＿＿＿＿＿＿＿＿＿　　／10

1 かいぎしつは □（よん） かいです。

2 A：すみません。コピーきは　なんがいですか。

B：□（ご） かいです。

3 A：パソコンは　いくらですか。

B：□（じゅう）□（なな）□（まん）□（はっ）□（せん）□（きゅう）□（ひゃく）□（えん） です。

✂ -

4 【かき】

なまえ＿＿＿＿＿＿＿＿＿＿＿＿　　／10

1 お □（かね） を　おろします。

2 □□（きょう）、□（なに） を　しますか。

3 □□（ときどき） わたしは □（しょく） 堂（どう）で　ひるごはんを □（た） べます。

4 教（きょう） □（しつ） で　本（ほん）を □（よ） みます。

5【よみ】

なまえ＿＿＿＿＿＿＿＿　　／10

1 先週の 日曜日、うちで 休みました。

2 ぎんこうは 午前 九時（くじ）から 午後 三時（さんじ）までです。

3 月曜日から 金曜日まで まいにち べんきょうします。

4 今 四時半です。

5 まいにち おふろに 入ります。

6【よみ】

なまえ＿＿＿＿＿＿＿＿　　／10

1 電車で 病院へ 行きます。

2 去年 日本（にほん）へ 来ました。

3 夜 えいがを 見（み）ます。

4 田中さんは 高校生です。

5 今日（きょう）は 四月 五日です。

5【かき】

なまえ＿＿＿＿＿＿＿＿＿＿

／10

1 □(いま) □(ご) 前(ぜん) 十二(じゅうに) □(じ) 十五(じゅうご) □(ふん) です。

2 □(げつ) 曜日(ようび)と □(もく) 曜日(ようび)と □(ど) 曜日(ようび)　テニスを　します。

3 来(らい) □(しゅう) 大学(だいがく)を □(やす) みます。

4 □(か) 曜日(ようび)　パソコンを　かいました。

6【かき】

なまえ＿＿＿＿＿＿＿＿＿＿

／10

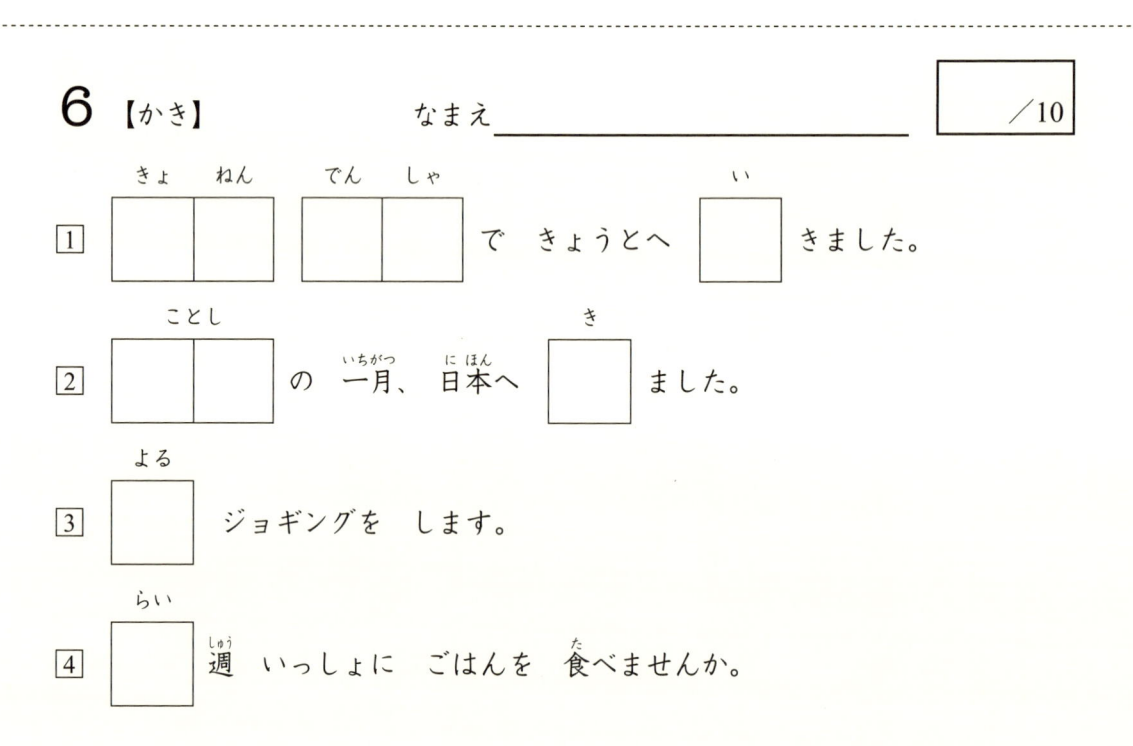

1 □□(きょねん) □□(でんしゃ) で　きょうとへ □(い) きました。

2 □□(ことし) の　一月(いちがつ)、日本(にほん)へ □(き) ました。

3 □(よる)　ジョギングを　します。

4 □(らい) 週(しゅう)　いっしょに　ごはんを　食(た)べませんか。

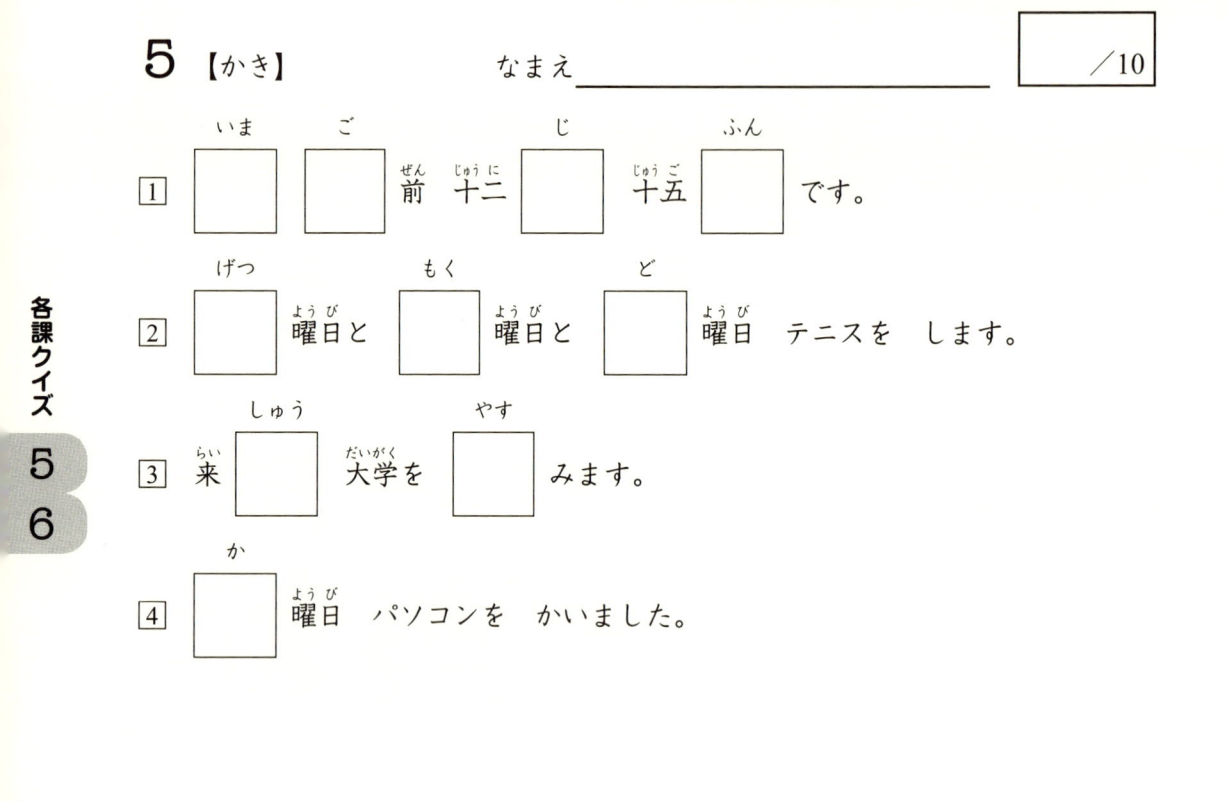

7 【よみ】　　なまえ＿＿＿＿＿＿＿＿＿＿　　／10

1 広い へや　　2 青い 花

3 高い カメラ　　4 親切 な 人（ひと）

5 ふじさんは 有名 な 山（やま）です。　　6 元気 ですか。

7 あの 白い 建物 は オペラハウスです。

8 しゅくだいは あまり 大変 じゃ ありません。

---

8 【よみ】　　なまえ＿＿＿＿＿＿＿＿＿＿　　／10

1 えきの 北口 の 近く に 食堂 が あります。

2 あの 女の人 は 田中 さんです。

3 ぎんこうと 病院（びょういん）の 間 に くつの 店 が あります。

4 つくえの 上 に 何（なに）も ありません。

5 車（くるま）の 後ろ に 男の子 が います。

7 【かき】

なまえ＿＿＿＿＿＿＿＿＿＿＿＿＿＿　／10

1 □（たか）い □（やま）

2 □（しろ）い 花（はな）

3 □（ひろ）い □（かわ）

4 □（ちい）さい □（くに）

5 □（ふる）い □（くるま）は □（やす）いです。

8 【かき】

なまえ＿＿＿＿＿＿＿＿＿＿＿＿＿＿　／10

1 ここは □□（しょくどう） です。

2 □（みせ）の □（なか）に トイレが あります。

3 えきの □（ちか）くに ぎんこうが あります。

4 こうえんに □（おんな）の □（ひと）が います。

5 車（くるま）の □（うし）ろに □（おとこ）の □（こ）が います。

9 【よみ】　　なまえ＿＿＿＿＿＿＿＿　／10

1 わたしの　かぞくは　＿父＿と　＿母＿、＿兄＿と　＿姉＿です。

2 ＿お姉さん＿は　＿買い物＿が　好(す)きですか。

3 ＿雨＿ですから、テニスを　しません。

4 リンさんは　＿英語＿が　＿上手＿です。

5 ＿天気＿が　いいですから、さんぽします。

各課クイズ 9 10

---

10 【よみ】　　なまえ＿＿＿＿＿＿＿＿　／10

1 ＿時計＿

2 ＿石けん＿

3 ＿お茶＿を　＿習い＿ます。

4 ご＿注文＿は？

5 きれいな　＿色＿

6 かさを　＿借り＿ました。

7 メールを　＿送り＿ます。

8 コートを　＿貸し＿ます。

9 電話(でんわ)で　＿話し＿ました。

9 【かき】

なまえ＿＿＿＿＿＿＿＿＿＿　　／10

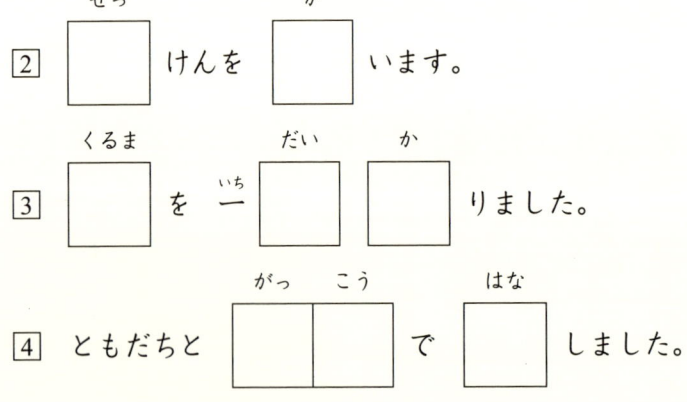

1 今日（きょう）の［ ］（てん）気（き）は［ ］（あめ）です。

2 ［ ］［ ］（せんせい）は［ ］［ ］（えいご）を　はなします。

3 ［ ］（ちち）と［ ］（はは）は　りょうりが［ ］［ ］（じょうず）です。

10 【かき】

なまえ＿＿＿＿＿＿＿＿＿＿　　／10

1 ［ ］［ ］（とけい）

2 ［ ］（せっ）けんを［ ］（か）います。

3 ［ ］（くるま）を一（いち）［ ］（だい）［ ］（か）りました。

4 ともだちと［ ］［ ］（がっこう）で［ ］（はな）しました。

11 【よみ】　　なまえ＿＿＿＿＿＿＿＿　　／10

1 春　2 秋　3 冬

4 明るい 色(いろ)　5 夏休み は 長い です。

6 この 大学(だいがく)は 留学生 が 多い です。

7 飲み物 は 何(なに)が いいですか。

8 デートも しごとも どちらも 大切 です。

各課クイズ 11 12

12 【よみ】　　なまえ＿＿＿＿＿＿＿＿　　／10

1 半年　2 質問 の 答え

3 九月(くがつ)に 月見 を します。　4 シャツを 着 ます。

5 友達 と 花見 を しました。

6 あそこに 鳥 が います。　7 休(やす)みは 一週間 です。

8 この にもつは 重かった です。

11 【かき】　　なまえ＿＿＿＿＿＿＿＿＿＿

／10

1 （からだ）□

2 （め）□

3 （くち）□

4 （あし）□

5 （くび）□

6 （あか）□るい　へや

7 わたしは　りょうりが（へた）□□です。

8 東京（とうきょう）は　人（ひと）が（おお）□いです。

9 このまちは　こうえんが（すく）□ないです。

---

12 【かき】　　なまえ＿＿＿＿＿＿＿＿＿＿

／10

1 いい（てん き）□□ですね。

2 （とも）□達（だち）と（はな び）□□を　見（み）ました。

3 日本（にほん）から　タイまで（ろく じ かん はん）□□□□かかります。

4 （おも）□い　かばん

13 【よみ】　　なまえ＿＿＿＿＿＿＿＿　　／10

1 すきやきの 作り方　　2 かんじの 読み方

3 コピーきを 使い ます。　4 兄(あに)は 大学(だいがく) 四年生 です。

5 大学院 で 工学 を けんきゅうしたいです。

6 市役所 を 見学 します。 7 大丈夫 です。

8 この まちは 外国人 が 多(おお)いです。

14 【よみ】　　なまえ＿＿＿＿＿＿＿＿　　／10

1 電話(でんわ) 料金　2 自分　3 海 の 写真

4 じゅぎょうを 始め ます。　5 ねこが 死に ました。

6 かのじょを 三十分(さんじゅっぷん) 待ち ました。

7 出かける まえに 電話(でんわ)します。

8 この前 アランさんに 会い ました。

各課クイズ 13 14

13 【かき】

なまえ＿＿＿＿＿＿＿＿＿＿＿＿　　／10

1　この　かんじの　［　］（よ）み［　］（かた）は　何（なん）ですか。

2　［　］（し）役所（やくしょ）を　［　］［　］（けんがく）します。

3　大学（だいがく）［　］（いん）で　［　］（こう）学（がく）を　べんきょうします。

4　この　まちは　［　］［　］［　］（がいこくじん）が　多（おお）いです。

---

14 【かき】

なまえ＿＿＿＿＿＿＿＿＿＿＿＿　　／10

1　［　］［　］（じぶん）で　ケーキを　作（つく）りました。

2　先生（せんせい）に　［　］（あ）います。教室（きょうしつ）で　［　］（ま）ちます。

3　この　［　］（まえ）　いぬが　［　］（し）にました。

4　日曜日（にちようび）　どこへ　［　］（で）かけましたか。

5　日本語（にほんご）の　［　］［　］（かいわ）の　れんしゅうを　［　］（はじ）めました。

15 【よみ】　　なまえ＿＿＿＿＿＿＿＿

／10

1 その ＿辞書＿ を ＿取って＿ ください。

2 ＿台所＿ で ＿魚＿ を ＿切り＿ ます。

3 すみません、もう＿一度＿ ＿言って＿ ください。

4 時間（じかん）が ありませんから、＿急ぎ＿ ましょう。

5 さらを ＿集めて＿ ください。そして、＿運んで＿ ください。

---

16 【よみ】　　なまえ＿＿＿＿＿＿＿＿

／10

1 ＿空港＿ に 車（くるま）を ＿止め＿ ます。

2 わたしは ＿東京＿ に ＿住んで＿ います。

3 さくら大学（だいがく）の ＿場所＿ を ＿知って＿ いますか。

4 ＿中学生＿ は バイクに ＿乗って＿ は いけません。

5 ＿毎日＿ おふろに ＿入って＿、ねます。

15 【かき】　　なまえ＿＿＿＿＿＿＿＿＿＿　／10

1 □□（じゅう しょ）を □（か）きます。

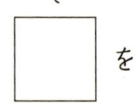

2 □（て）を □（あら）います。

3 □（さかな）を □（き）ります。

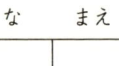

4 □□（な まえ）を □（い）って ください。

16 【かき】　　なまえ＿＿＿＿＿＿＿＿＿＿　／10

1 □（とも）達（だち）は □□（とう きょう）に 住（す）んで います。

2 □（くう）港（こう）で ひこうきに □（の）ります。

3 □□（まい にち）、おふろに □（はい）ります。

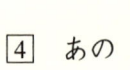

4 あの □（ひと）を □（し）って いますか。

各課クイズ 15 16

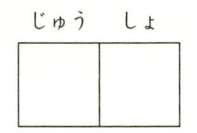

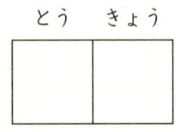

17 【よみ】　　なまえ＿＿＿＿＿＿　　／10

1 ＿泣　か＿ないで　ください。　2 車（くるま）を　＿運　転＿します。

3 ＿市　民＿グラウンドで　＿試　合＿が　あります。

4 ＿試　験＿を　＿受　け　る＿　まえに、べんきょうします。

5 ＿新　聞＿を　＿全　部＿　読（よ）んでから、＿作　文＿を　書（か）きます。

6 ＿自　転　車＿で　大学（だいがく）へ　行（い）きます。

---

18 【よみ】　　なまえ＿＿＿＿＿＿　　／10

1 ＿着　物＿を　＿着　た＿　ことが　あります。

2 日本（にほん）の　＿歌　手＿の　＿歌＿が　＿大　好　き＿です。

3 電車（でんしゃ）を　おりた　あとで、＿忘　れ　物＿に　＿気＿が　つきました。

4 テストを　＿出　し　た＿　あとで、答（こた）えを　＿思　い　出　し＿ました。

5 八時（はちじ）に　＿会　社＿へ　行（い）きます。

17 【かき】　　なまえ＿＿＿＿＿＿＿＿　　／10

1 □(いけ) に □(さかな) が　います。

2 □(かお) を □(あら) います。

3 □□(さくぶん) を □(か) きます。

4 市(し)□(みん) グラウンドで　サッカーの □□(しあい) が　あります。

---

18 【かき】　　なまえ＿＿＿＿＿＿＿＿　　／10

1 □□(でんしゃ) で □□(かいしゃ) へ □(い) きます。

2 □□(りょうり) を　します。

3 すもうが　大(だい)□(す) きです。

4 ふくを □(き) ます。

5 毎日(まいにち)　コーヒーを □(の) みます。

19 【よみ】

なまえ＿＿＿＿＿＿＿＿＿＿　／10

[1] お 医　者 さんは 薬 を 飲(の)まなくても いいと 言(い)いました。

[2] 森 の 中(なか)を さんぽしました。 気　持　ち が よかったです。

[3] 地　下　鉄 の 駅 は きれいだと 思　い ます。

[4] 用　事 が あった から、 忘　年　会 に 出(で)ませんでした。

[5] 東京(とうきょう)の 人　口 は 千四百万人(せんよんひゃくまんにん)ぐらいです。

---

20 【よみ】

なまえ＿＿＿＿＿＿＿＿＿＿　／10

[1] 朝　ご　飯 を 食(た)べる まえに、 新　聞 を 読(よ)みます。

[2] 一か月(いっかげつ)に 六　回 、 運　動 を します。

[3] あの 科　学　者 は 1970年(ねん)に 生　ま　れ ました。

[4] 新　し　い 紙 を ください。

[5] A：ジュースは 何　本 ありますか。 B： 六　本 です。

各課クイズ 19 20

19 【かき】　　なまえ＿＿＿＿＿＿＿＿　／10

1 □□（ちか）鉄（てつ）は　便利（べんり）です。

2 □（えき）は　どこですか。

3 □（もり）へ　ハイキングに　行（い）った。□□（きも）ちが　よかった。

4 あの　人（ひと）は　□（こころ）が　きれいだと　□（おも）います。

5 あの　人（ひと）は　いつも　□□（げんき）です。

---

20 【かき】　　なまえ＿＿＿＿＿＿＿＿　／10

1 □（あさ）ご飯（はん）を　□（た）べる　まえに、□□（しんぶん）を　□（よ）みます。

2 富士山（ふじさん）に　二（に）□（かい）のぼった　ことが　あります。

3 この　□（ほん）は　役（やく）に　□（た）ちます。

4 紙（かみ）に　□（こた）えを　□（か）きます。

21 【よみ】　　なまえ＿＿＿＿＿＿＿＿　／10

1 台風 が 来(き)たら、試合(しあい)は 中止 です。

2 道 に まよったら、交番 で 聞(き)きます。

3 アランさんは 力 が 強い です。

4 子(こ)どもが 勉強 しなかったら、注意 します。

5 駅(えき)に 着いたら、連絡 して ください。

22 【よみ】　　なまえ＿＿＿＿＿＿＿＿　／10

1 友達(ともだち)が 人形 と 手紙 を くれました。

2 兄(あに)の 大学(だいがく)は 東京都 の ぶんきょう 区 に あります。

3 この 間 、長崎県 の 小(ちい)さい 町 へ 行(い)きました。

4 友達(ともだち)が けがを したら、病院(びょういん)へ 連れて行って あげます。

5 小学校 の 先生(せんせい)に とても お 世話 に なりました。

21 【かき】　　なまえ＿＿＿＿＿＿＿＿　　／10

1 □(みち)に　まよったら、交番(こうばん)で□(き)きます。

2 □□(えいご)を□□(べんきょう)します。

3 雨(あめ)が　ふったら、ハイキングは□□(ちゅうし)です。

4 たくさん　食(た)べても、□(ふと)りません。

5 □(ちから)が　弱(よわ)くても、かれと　けっこんしたいです。

---

22 【かき】　　なまえ＿＿＿＿＿＿＿＿　　／10

1 □(なが)崎(さき)は　おもしろい□(まち)です。

2 青(あお)□□(もりけん)で□(う)まれました。

3 わたしは　かれと□(おな)じ□(むら)に　住(す)んで　います。

4 わたしの□□(がっこう)は　ぶんきょう□(く)に　あります。

◆まとめクイズ1（1〜6）【よみ】

なまえ＿＿＿＿＿＿＿＿＿＿＿＿　　／25

（1てん×25）

1　お 国 は　どちら　ですか。
a ぐに　b くに　c こく　d ごく

2　A：お 名前 は？　B：リンです。
a ねまえ　b なめえ　c なまえ　d ねめい

3　ここは　わたしの　学校 です。
a がくこ　b がこう　c がっこう　d がっこ

4　この　本 は　だれの　ですか。
a き　b ほん　c ぽん　d ぼん

5　今（いま）　四時 です。
a よじ　b よんじ　c しじ　d ようじ

6　お 金 を　おろします。
a きん　b かぬ　c かれ　d かね

7　去年　おおさかへ　行（い）きました。
a きょうねん　b きゅうねん　c きょねん　d きゅねん

8　夜　うちで　テレビを　見（み）ます。
a よろ　b ゆる　c よる　d ゆろ

9　水 を　のみます。
a みいじ　b みず　c みじゅ　d みじゅう

10　その　ワインは　八千 円（えん）です。
a はちせん　b はっせん　c はちまん　d はっまん

11　おふろに　入り ます。
a いり　b はいり　c ひり　d はり

12　きのう　病院 へ　行（い）きました。
a びよいん　b びょいん　c びよういん　d びょういん

13 これは　六百　円（えん）です。
a ろくひゃく　b ろびゃく　c ろっぴゃく　d ろっひゃく

14 今日（きょう）は　月曜日　です。
a けつよび　b がつよび　c げつようび　d がっようび

15 四月　に　日本（にほん）へ　来（き）ました。
a よんげつ　b よんがつ　c しげつ　d しがつ

16 あしたは　五日　です。
a ごか　b いっか　c いつか　d ごうにち

17 雑誌　を　読（よ）みます。
a さっし　b ざっし　c さし　d ざし

18 来週　えいがを　見（み）ます。
a きしゅ　b らいしゅ　c こしゅう　d らいしゅう

19 教室　で　べんきょうします。
a きょしつ　b きょしっつ　c きょうしつ　d きょうちつ

20 高校生　の　とき、スーパーで　アルバイトを　しました。
a ここせ　b ここうせい　c こうこせい　d こうこうせい

21 朝　ごはんを　食（た）べましたか。
a あさ　b ひる　c ばん　d おさ

22 しゅうまつ　電車　で　どうぶつえんへ　行（い）きました。
a てんさ　b でんさ　c てんしゃ　d でんしゃ

23 あしたは　二十日　です。
a にじゅにち　b はちか　c はつか　d ふつか

24 食堂　で　ごはんを　食（た）べます。
a しゅくど　b しょくど　c しょくどう　d しゅくうどう

25 ここは　図書館　です。
a としょかん　b としょうかん　c とっしょうかん　d とうしょうかん

◆まとめクイズ１（1～6）【かき】

なまえ＿＿＿＿＿＿＿＿＿＿＿＿＿＿ ／25

Ⅰ （2てん×9）

1 あの 人（ひと）は この ［だい］［がく］ の 先（せん）［せい］ です。

2 ［こと］［し］ ［に］［ほん］ へ 来（き）ました。

3 コンピューター ［しつ］ へ ［い］ きます。

Ⅱ （1てん×7）

1 ＿ぎゅう＿どんを 食（た）べます。

a 牛　b 午　c 干　d 千

2 今（いま） なん＿じ＿ですか。

a 待　b 持　c 時　d 点

3 十五（じゅうご）＿ふん＿です。

a 会　b 分　c 今　d 兮

4 今日（きょう）は ＿すい＿曜日（ようび）です。

a 水　b 木　c 火　d 氷

5 これは ＿なん＿ですか。

a 伺　b 同　c 佝　d 何

6 この カメラは ＿ごまんえん＿です。

a 五万元　b 互万円　c 五万円　d 互方元

7 ＿でんしゃ＿で きょうとへ 行（い）きます。

a 雷車　b 電車　c 電東　d 雪東

◆まとめクイズ2（7～12）【よみ】

なまえ＿＿＿＿＿＿＿＿＿＿＿＿＿＿＿＿　　／25

（1てん×25）

1 ふじさんは　有名　です。
a よめい　b ゆめえ　c ようめえ　d ゆうめい

2 あの　建物　は　何(なん)ですか。
a けんぶつ　b きもの　c たてもの　d たちもの

3 父(ちち)に　時計　を　もらいました。
a じけい　b じけえ　c ときえ　d とけい

4 えきの　西口　に　コンビニが　あります。
a ひがしぐち　b にしぐち　c みなみぐち　d きたぐち

5 パンやの　近く　に　ポストが　あります。
a ちかく　b ちこく　c ちっかく　d ちいこく

6 リンさんは　お兄さん　が　二人(ふたり)　います。
a おねえさん　b おにいさん　c おあにさん　d おとうとさん

7 わたしは　キムさんに　かさを　貸し　ました。
a さし　b かし　c かえし　d かりし

8 いらっしゃいませ。ご　注文　は？
a ちょもん　b ちゅぶん　c ちゅうもん　d ちょうぶん

9 デートと　しごとと　どちらが　大切　ですか。
a だいせい　b だいせん　c たいせつ　d たいせっつ

10 日本語(にほんご)を　一週間　べんきょうしました。
a いしょうかん　b いっしゅうかん　c いっしょうかん　d いちしゅうかん

11 先週(せんしゅう)　花火　を　見(み)ました。
a はなか　b はなひ　c はなみ　d はなび

12 ポンさんは　親切　です。
a しっすつ　b しんせつ　c しんせつう　d しんすっつ

13 リンさんの　かばんは　赤く　ないです。
a あかく　b おかく　c あおく　d あかるく

14 しゅくだいは　大変　ですか。
a たいへん　b だいへん　c たいっへん　d だいへえ

15 友達(ともだち)に　プレゼントを　送り　ました。
a おくり　b おこり　c おっくり　d おこうり

16 わたしは　留学生　です。
a りゅがっせい　b りゅうがくせい　c りょうがくせい　d りゅうがっくせい

17 先生(せんせい)の　かばんは　重い　です。
a あまい　b おまい　c おむい　d おもい

18 東京(とうきょう)は　人(ひと)が　多い　です。
a おおい　b おうい　c おいい　d おおうい

19 この　いぬは　足(あし)が　長い　です。
a なかい　b ながい　c ながっい　d ながあい

20 今日(きょう)　早く　かえります。
a はやく　b はゆく　c ひやく　d はいく

21 天気　が　いいです。
a てんき　b でんき　c てんっき　d てんきい

22 リンさんと　キムさんの　間　に　アンさんが　います。
a かん　b まえ　c あいだ　d となり

23 この　パソコンは　古い　です。
a ふろい　b ふるい　c やすい　d たかい

24 わたしは　うたが　上手　じゃ　ありません。
a じょず　b じょずう　c じょうず　d じょうずう

25 きのう　英語　の　本(ほん)を　読(よ)みました。
a えご　b えいご　c ええご　d えいごう

◆まとめクイズ2（7～12）【かき】

なまえ＿＿＿＿＿＿＿＿＿＿　　／25

Ⅰ　(2てん×9)

1　この □(しろ) い □(はな) は 何(なん)ですか。

2　□(せん) 生(せい)の □(うし) ろに □(おんな) の 人(ひと)が います。

3　リンさんは □(えい) 語(ご)が □□(じょうず) です。

4　あそこに　きれいな □(みせ) が　あります。

Ⅱ　(1てん×7)

1　車(くるま)を　一(いち)＿だい＿　借(か)ります。

a 台　b 召　c 大　d 石

2　チンさんと　＿はなし＿ました。

a 詁し　b 詰し　c 話し　d 語し

3　マリーさんは　＿め＿が　大(おお)きいです。

a 耳　b 日　c 目　d 回

4　＿とも達(だち)＿に　メールを　送(おく)りました。

a 又達　b 攵達　c 友達　d 及達

5　この　大学(だいがく)は　学生(がくせい)が　＿すくない＿です。

a 少ない　b 小ない　c 小い　d 少い

6　わたしの　へやは　＿あかるい＿です。

a 赤るい　b 明るい　c 朋るい　d 眀るい

[7] 今日(きょう)は　いい　<u>てん気(き)</u>です。

a 夫気　　b 天気　　c 元気　　d 夭気

◆まとめクイズ3（13〜18）【よみ】

なまえ＿＿＿＿＿＿＿＿＿＿＿＿　　／25

（1てん×25）

1　A：あたまが　いたいです。　B：大丈夫ですか。
a だいじょぶ　b だいじゅぶ　c だいじょうぶ　d だいじゅぶう

2　市役所へ　行(い)きました。
a しゃくしょ　b しやくしょ　c しやくしょう　d しやっしょ

3　大学(だいがく)で　ロボット工学を　べんきょうします。
a くがっく　b くうがく　c こがくう　d こうがく

4　すきやきの　作り方を　教(おし)えて　ください。
a すくりたか　b すくりがた　c つくりかた　d つくりたか

5　A：てつだいましょうか。　B：いいえ、自分で　します。
a じぶん　b じぷん　c じんぶん　d じっぶん

6　ボールペンを　使っては　いけません。
a つくって　b つかって　c つけって　d つきって

7　電話(でんわ)料金を　はらいます。
a りゃうきん　b りゅうきん　c りょうきん　d りゅきん

8　これは　おもしろい　写真ですね。
a しゃしん　b しゅしん　c しゃっしん　d しゅっしん

9　ここに　住所を　書(か)いて　ください。
a じゅしょ　b じゅうしょ　c じゅしょう　d じゅうしょう

10　あの　辞書は　だれの　ですか。
a じしょ　b じっしょ　c じじょう　d じしょう

11　にもつを　運びましょうか。
a あくび　b はくび　c はこび　d あっこび

12　時間(じかん)が　ありませんから、急いで　ください。
a いそいで　b いっすいで　c いすいで　d いっそいで

13 毎月 りょこうを します。
a まいげつ b まいがつ c まいつき d まいげっつ

14 Ａ：チンさんが けっこんしました。 Ｂ：本当ですか。
a ほんと b ほんとう c ほんっと d ほんどう

15 しんじゅくえきで JRに 乗り換え ます。
a のりかえ b のりこえ c のりがえ d のりごえ

16 車(くるま)を 運転 する ことが できます。
a うてん b うんどう c うんてん d うんてい

17 ごはんを 全部 食(た)べます。
a せんぶ b ぜんぶ c ぜぶん d ぜんぶん

18 答(こた)えを 思い出して ください。
a おもいだして b おもいでして c おまいだして d おまいでして

19 トムさんは すもうが 大好き です。
a だいすき b だいつき c おおつき d おおずき

20 日本(にほん) 料理 を 作(つく)った ことが あります。
a りょり b りょりい c りょうり d りようり

21 あの 会社 は あたらしいです。
a かいしゃ b がいしゃ c かいしや d かいじゃ

22 動物 えんまで どうやって 行(い)きますか。
a どぶつ b どぶつう c どうぶつ d どうぶっつ

23 わたしは 海 で およぐ ことが できます。
a うみ b ゆみ c ゆうみ d うんみ

24 台所 の そうじを します。
a たいしょ b だいしょ c だいどころ d だいとごろ

25 わたしは 東京 に 住(す)んで います。
a ときょう b とうきょう c とっきょ d とおきょ

◆まとめクイズ3（13～18）【かき】

なまえ＿＿＿＿＿＿＿＿＿＿＿＿＿＿　　／25

Ⅰ　(2てん×9)

1　十時（じゅうじ）から ［りょう］［り］ を ［はじ］ めます。

2　［とう］［きょう］ に ［す］ んで　います。

3　名前（なまえ）を ［い］ って　ください。

4　ここに　住所（じゅうしょ）を ［か］ いて　ください。

5　パスポートを ［み］ せて　ください。

Ⅱ　(1てん×7)

1　この　かんじの　読（よ）み＿かた＿が　わかりません。

a 万　　b 方　　c 与　　d 尤

2　手（て）を　＿あらって＿　ください。

a 冼って　　b 洗って　　c 洸って　　d 池って

3　マリーさんに　＿あい＿ます。

a 会い　　b 今い　　c 令い　　d 公い

4　＿まい年（とし）＿　りょこうします。

a 母年　　b 毎年　　c 毒年　　d 苺年

5　キムさんの　メールアドレスを　＿しって＿　いますか。

a 知って　　b 和って　　c 味って　　d 吹って

6 バスに ___のり___ます。

a 降り　　b 華り　　c 東り　　d 乗り

7 スポーツが ___すき___ですか。

a 妨き　　b 妤き　　c 奸き　　d 好き

◆まとめクイズ4（19～22）【よみ】

なまえ＿＿＿＿＿＿＿＿＿＿＿＿＿＿　　／25

（1てん×25）

1 わたしの　父（ちち）は　医者　です。
a いじゃ　b いっしゃ　c いしゃ　d いいしゃ

2 この　辞書（じしょ）は　便利　です。
a べっり　b べんり　c べんりい　d ぺんりい

3 ホテルの　まどから　遠く　の　山（やま）が　見（み）えます。
a はやく　b ちかく　c とどく　d とおく

4 わたしは　高校生（こうこうせい）の　とき、留学　をしました。
a りゅうがく　b りゅがっく　c りゅがく　d りゅうがっく

5 東京（とうきょう）は　日本（にほん）で　いちばん　人口　が　多（おお）いです。
a にんこう　b じんこう　c じんくう　d にんごう

6 あしたの　午後（ごご）は　何（なに）も　用事　が　ありません。
a ようじい　b よんじ　c よじ　d ようじ

7 地下鉄　に　乗（の）って、学校（がっこう）へ　行（い）きます。
a ちかてっつ　b ちがてつ　c ちかてつ　d ちかでつ

8 アンさんの　かばんは　新しい　です。
a あだらしい　b あたらしい　c あらたしい　d あったらしい

9 しゅうまつ、いっしょに　食事　しませんか。
a しょっくじ　b しょくうじ　c しょくじ　d しょうくじ

10 教室（きょうしつ）に　かさが　一本　あります。
a いっぽん　b いっぼん　c いぽん　d いちほん

11 子（こ）どもが　病気　だったら、早（はや）く　うちへ　かえります。
a びょき　b びょうきい　c ぴょうき　d びょうき

12 駅（えき）に　着いた　ら、バスに　乗（の）って　ください。
a おいた　b づいた　c きいた　d ついた

13 あしたの　天気（てんき）が ＿心配＿ です。
a しんばい　b しんぱあい　c しんぱい　d しんぱっい

14 子（こ）どもの　とき、母（はは）は　わたしに　＿人形＿ を　くれました。
a じんぎょう　b にんきょう　c じんきょう　d にんぎょう

15 大学（だいがく）の　試験（しけん）に　＿合格＿ しました。
a ごうかく　b ごうかっく　c ごかく　d こうかく

16 駅（えき）の　そばに　＿小学校＿ が　あります。
a しょがっこう　b しょうがっこう　c ちゅがっこう　d しょうがっこ

17 かぜの　とき、先生（せんせい）に　メールで　＿連絡＿ しました。
a ねんらく　b れんだく　c れんらく　d ねんなく

18 日本語（にほんご）で　＿手紙＿ を　書（か）いた　ことが　ありますか。
a てかみ　b てえがみ　c てえかみ　d てがみ

19 この　辞書（じしょ）は　とても　＿役＿ に　立（た）ちます。
a やく　b あく　c しゃく　d なく

20 あしたは　さむいと　＿思い＿ ます。
a おんもい　b おうもい　c おもうい　d おもい

21 もう　＿昼＿ ご飯（はん）を　食（た）べましたか。
a あさ　b ひる　c よる　d ばん

22 むかし　父（ちち）は　よく　こうえんへ　＿連れて＿ 行（い）って　くれました。
a とれて　b いれて　c つれて　d くれて

23 かれは　あまり　＿力＿ が　強（つよ）くないです。
a ちから　b ちがら　c ちいから　d ちっから

24 子（こ）どもが　けんかしたら、＿注意＿ します。
a ちゅい　b ちゅうい　c ちゅっい　d じゅうい

25 ＿新聞＿ を　買（か）います。
a しんき　b しっぷん　c しんぶう　d しんぶん

◆まとめクイズ4（19～22）【かき】

なまえ＿＿＿＿＿＿＿＿＿＿＿＿＿＿＿　　／25

Ⅰ　(2てん×9)

1　わたしは □(げん) 気(き)です。すこし □(ふと) りました。

2　□(もり) の　おんせんは　とても　気(き) □(も) ちが　いいです。

3　雨(あめ)が　ふったら、あしたの　ハイキングは　中(ちゅう) □(し) です。

4　□(ち) 下鉄(かてつ)の □(えき) まで　あるいて　行(い)きます。

5　この □(まち) には □(なが) い　はしが　あります。

Ⅱ　(1てん×7)

1　毎日(まいにち)　<u>おなじ</u>　時間(じかん)に　おきます。
a 回じ　　b 区じ　　c 同じ　　d 医じ

2　日本(にほん)の　電車(でんしゃ)について　どう　<u>おもい</u>ますか。
a 思い　　b 重い　　c 男い　　d 心い

3　リンさんは　とても　<u>ちから</u>が　あります。
a 勹　　b 刃　　c 刀　　d 力

4　毎日(まいにち)　<u>べんきょう</u>しますか。
a 勉教　　b 勉強　　c 強勉　　d 晩教

5　この　ロボットは　役(やく)に　<u>たち</u>ます。
a 立ち　　b 丘ち　　c 並ち　　d 工ち

6 あたらしい ノートを 買（か）いました。

a 弱しい　b 悪しい　c 新しい　d 親しい

7 みち に まよいました。

a 通　b 道　c 連　d 達

ことばリスト

まの枠…『日本語初級１大地　メインテキスト』の「まとめ」で使われていることば

Lの枠…『日本語初級１大地　文型説明と翻訳』の各課末Language and Culture Informationで使われていることば

※…『日本語初級１大地　メインテキスト』・『日本語初級１大地　文型説明と翻訳』で使われていないことば

まの枠…Words used in the まとめ (summary) of 'Daichi' - Elementary Japanese 1: Main Text

Lの枠…Words used in the Language and Culture Information item ending each section in 'Daichi' - Elementary Japanese 1: Translation of the Main Text and Grammar Notes.

※…Words not used in 'Daichi' - Elementary Japanese 1: Main Text or 'Daichi' - Elementary Japanese 1: Translation of the Main Text and Grammar Notes.

まの枠…Các từ được sử dụng trong phần tóm tắt của sách Tiếng Nhật sơ cấp 1 Daichi - Bản chính.

Lの枠…Các từ được sử dụng trong mục Ngôn ngữ và Thông tin Văn hóa ở phần cuối các bài của sách Tiếng Nhật sơ cấp 1 Daichi - Giải thích và dịch mẫu câu.

※…Các từ không được sử dụng trong sách Tiếng Nhật sơ cấp 1 Daichi - Bản chính và Tiếng Nhật sơ cấp 1 Daichi - Giải thích và dịch mẫu câu.

＊＊旧４級（Ｎ５）
＊旧３級（Ｎ４）

課		ことば	読み方	漢字の新しい読み方	書き漢字	レベル	書き漢字の初出課
1	1	名前	な まえ	な／まえ	名	＊＊	1／14
	2	国	くに	くに	国	＊＊	1
	3	大学	だい がく	だい／がく	大	＊＊	1／1
					学	＊＊	
	4	学校	がっ こう	／こう	校	＊＊	1／1
	5	学生	がく せい	／せい	生	＊＊	1／1
	6	先生	せん せい	せん／			9／1
	7	日本	に ほん	に／ほん	日	＊＊	1／1
					本	＊＊	
	8	中国	ちゅう ごく	ちゅう／こく			8／1
	9	日本語	に ほん ご	／／ご			1／1／2
	10	日本人	に ほん じん	／／じん	人	＊＊	1／1／1
	11	ベトナム人	べとなむ じん				1
2	1	水	みず	みず	水	＊＊	2
	2	本	ほん				1
	3	車	くるま	くるま			6
	4	電話	でん わ	でん／わ			6／10
	5	肉	にく	にく			29
	6	牛肉	ぎゅう にく	ぎゅう／	牛	＊	2／29
	7	牛どん	ぎゅう どん				2
	8	インドネシア語	いんどねしあ ご		語	＊＊	2
	9	親子	おや こ	おや／こ	子	＊＊	36／2
	10	あの人	あの ひと	ひと			1
	11	何ですか。	なん ですか。	なん	何	＊＊	2

課		ことば	読み方	漢字の新しい読み方	書き漢字	レベル	書き漢字の初出課
3	1	一	いち	いち	一	**	3
	2	二	に	に	二	**	3
	3	三	さん	さん	三	**	3
	4	四	よん・し	よん・し	四	**	3
	5	五	ご	ご	五	**	3
	6	六	ろく	ろく	六	**	3
	7	七	なな・しち	なな・しち	七	**	3
	8	八	はち	はち	八	**	3
	9	九	きゅう・く	きゅう・く	九	**	3
	10	十	じゅう	じゅう	十	**	3
	11	百	ひゃく	ひゃく	百	**	3
	12	千	せん	せん	千	**	3
	13	万	まん	まん	万	**	3
	14	六百円	ろっ ぴゃく えん	／／えん	円	**	3／3／3
	15	八千円	はっ せん えん				3／3／3
	16	四万九千円	よん まん きゅう せん えん				3／3／3／3／3
	17	三百七十円	さん びゃく なな じゅう えん				3／3／3／3／3
4	1	お金	おかね	かね	金	**	4
	2	切手	きって	き／て			15／9
	3	雑誌	ざっし	ざつ／し			-／-
	4	食堂	しょくどう	しょく／どう	食	**	4／8
	5	教室	きょうしつ	きょう／しつ	室	*	25／4
	6	コンピューター室	こんぴゅーたー しつ				4
	7	図書館	と しょ かん	と／しょ／かん			31／15／35
	8	今日	きょう	きょう	今	**	4／1
	9	書きます	か きます	か			15
	10	読みます	よ みます	よ	読	**	4
	11	食べます	た べます	た			4
	12	見ます	み ます	み			13
	13	時々	とき どき	とき／(くりかえし・repeat・Lặp lại)	時	**	4／4
					々		
	14	何をしますか。	なに をしますか。	なに			2
5	1	会話	かい わ	かい／			14／10
	2	今	いま	いま			4
	3	今週	こん しゅう	こん／しゅう	週	**	4／5
	4	先週	せん しゅう				9／5
	5	来週	らい しゅう	らい／			6／5

課		ことば	読み方	漢字の新しい読み方	書き漢字	レベル	書き漢字の初出課
5	6	月曜日	げつようび	げつ／よう／び	月	**	5／29／1
	7	火曜日	かようび	か／／	火	**	5／29／1
	8	水曜日	すいようび	すい／／			2／29／1
	9	木曜日	もくようび	もく／／	木	**	5／29／1
	10	金曜日	きんようび	きん／／			4／29／1
	11	土曜日	どようび	ど／／	土	**	5／29／1
	12	日曜日	にちようび	にち／／			1／29／1
	13	午前	ごぜん	ご／ぜん	午	**	5／14
	14	午後	ごご	／ご			5／8
	15	五分	ごふん	／ふん	分	**	3／5
	16	二十分	にじゅっぷん				3／3／5
	17	四時半	よじはん	よ／じ／はん			3／4／12
	18	入ります	はいります	はい			16
	19	休みます	やすみます	やす	休	**	5
6	1	電車	でんしゃ	／しゃ	電	**	6／6
					車	**	
	2	病院	びょういん	びょう／いん			30／13
	3	朝	あさ	あさ			20
	4	昼	ひる	ひる			34
	5	夜	よる	よる	夜	*	6
	6	今年	ことし	ことし	年	**	4／6
	7	去年	きょねん	きょ／ねん	去	*	6／6
	8	来年	らいねん		来	**	6／6
	9	高校生	こうこうせい	こう／／			7／1／1
	10	田中さん	たなかさん	た／なか			8／8
	11	行きます	いきます	い	行	**	6
	12	来ます	きます	き			6
	13	一月	いちがつ	／がつ			3／5
	14	四月	しがつ				3／5
	15	七月	しちがつ				3／5
	16	九月	くがつ				3／5
	17	一日	ついたち	ついたち			3／1
	18	二日	ふつか	ふつか			3／1
	19	三日	みっか	みっ／か			3／1
	20	四日	よっか	よっ			3／1
	21	五日	いつか	いつ／			3／1
	22	六日	むいか	むい／			3／1
	23	七日	なのか	なの／			3／1
	24	八日	ようか	よう／			3／1
	25	九日	ここのか	ここの／			3／1
	26	十日	とおか	とお／			3／1

課		ことば	読み方	漢字の新しい読み方	書き漢字	レベル	書き漢字の初出課
6	27	十一日	じゅう いち にち				3／3／1
	28	二十日	はつか	はつか			3／3／1
	29	二十四日	に じゅう よっ か				3／3／3／1
	30	三十日	さん じゅう にち				3／3／1
7	1	山	やま	やま	山	**	7
	2	※川	かわ	かわ	川	**	7
	3	花	はな	はな			12
	4	食べ物	た べ もの	／もの			4／24
	5	建物	たて もの	たて／			30／24
	6	大きい	おお きい	おお			1
	7	小さい	ちい さい	ちい	小	**	7
	8	高い	たか い	たか	高	**	7
	9	安い	やす い	やす	安	**	7
	10	古い	ふる い	ふる	古	**	7
	11	広い	ひろ い	ひろ	広	*	7
	12	白い	しろ い	しろ	白	**	7
	13	黒い	くろ い	くろ			32
	14	赤い	あか い	あか			32
	15	青い	あお い	あお			32
	16	元気[な]	げん き[な]	げん／き			19／12
	17	親切[な]	しん せつ[な]	しん／せつ			36／15
	18	大変[な]	たい へん[な]	たい／へん			1／29
	19	有名[な]	ゆう めい[な]	ゆう／めい			33／1
8	1	店	みせ	みせ	店	**	8
	2	食堂	しょく どう		堂	*	4／8
	3	上	うえ	うえ			9
	4	下	した	した			9
	5	前	まえ				14
	6	後ろ	うし ろ	うし	後	**	8
	7	外	そと	そと			13
	8	中	なか		中	**	8
	9	間	あいだ	あいだ			12
	10	近く	ちか く	ちか	近	*	8
	11	男の子	おとこ の こ	おとこ／	男	**	8／2
	12	女の人	おんな の ひと	おんな／	女	**	8／1
	13	一人	ひとり	ひとり			3／1
	14	二人	ふたり	ふたり			3／1
	15	百人	ひゃく にん	／にん			3／1
	16	何人	なん にん				2／1
	17	東口	ひがし ぐち	ひがし／くち			16／11
	18	西口	にし ぐち	にし／			30／11

課		ことば	読み方	漢字の新しい読み方	書き漢字	レベル	書き漢字の初出課
8	19	南口	みなみ ぐち	みなみ／			30／11
	20	北口	きた ぐち	きた／			30／11
	21	東京	とう きょう	とう／きょう			16／16
	22	田中さん	たなか さん		田	*	8／8
9	1	天気	てん き	てん／	天	**	9／12
	2	雨	あめ	あめ	雨	**	9
	3	英語	えい ご	えい／	英	*	9／2
	4	買い物	かい もの	か／			10／24
	5	先生	せん せい		先	**	9／1
	6	父	ちち	ちち	父	**	9
	7	母	はは	はは	母	**	9
	8	兄	あに	あに			40
	9	姉	あね	あね			40
	10	お父さん	おとう さん	とう			9
	11	お母さん	おかあ さん	かあ			9
	12	お兄さん	おにい さん	にい			40
	13	お姉さん	おねえ さん	ねえ			40
	14	弟さん	おとうと さん	おとうと			40
	15	妹さん	いもうと さん	いもうと			40
	16	上手[な]	じょうず[な]	じょうず	上	**	9／9
					手	**	
	17	下手[な]	へた[な]	へた	下	**	9／9
	18	好き[な]	すき[な]	す			18
	19	早く	はやく	はや			38
10	1	時計	とけい	とけい	計	*	4／10
	2	石けん	せっけん	せき	石		10
	3	お茶	おちゃ	ちゃ			31
	4	色	いろ	いろ			32
	5	注文	ちゅう もん	ちゅう／もん			36／17
	6	一台	いち だい	／だい	台	*	3／10
	7	送ります	おくります	おく			34
	8	買います	かいます		買	**	10
	9	貸します	かします	か			27
	10	習います	ならいます	なら			35
	11	話します	はなします	はな	話	**	10
	12	教えます	おしえます	おし			25
	13	借ります	かります	か	借	*	10
11	1	春	はる	はる			23
	2	夏	なつ	なつ			30
	3	秋	あき	あき			30
	4	冬	ふゆ	ふゆ			30

課		ことば	読み方	漢字の新しい読み方	書き漢字	レベル	書き漢字の初出課
11	5	夏休み	なつ やす み				30／5
	6	体	からだ	からだ	体	*	11
	7	目	め	め	目	**	11
	8	口	くち		口	**	11
	9	足	あし	あし	足	**	11
	10	手	て				9
	11	首	くび	くび	首	*	11
	12	飲み物	の み もの	の／			18／24
	13	留学生	りゅう がく せい	りゅう／／			39／1／1
	14	明るい	あか るい	あか	明	*	11
	15	多い	おお い	おお	多	**	11
	16	少ない	すく ない	すく	少	**	11
	17	長い	なが い	なが			22
	18	大切[な]	たい せつ[な]				1／15
12	1	友達	ともだち	ともだち	友	**	12／-
	2	天気	てん き		気	**	9／12
	3	(ま2)鳥	とり	とり			23
	4	花見	はな み		花	**	12／13
	5	L花火	はな び	／ひ			12／5
	6	L月見	つき み	つき／			5／13
	7	質問	しつ もん	しつ／もん			26／31
	8	(ま2)答え	こた え	こた			20
	9	時間	じ かん	／かん	間	**	4／12
	10	一週間	いっ しゅう かん				3／5／12
	11	半年	はん とし	／とし	半	**	12／6
	12	二時間半	に じ かん はん				3／4／12／12
	13	※重い	おも い	おも	重	*	12
	14	着ます	き ます	き			18
13	1	大学院	だい がく いん		院	*	1／1／13
	2	市役所	し やく しょ	し／やく／しょ	市	*	13／-／15
	3	※外国人	がい こく じん	がい／／	外	**	13／1／1
	4	工学	こう がく	こう／	工	*	13／1
	5	見学	けん がく	けん／	見	**	13／1
	6	読み方	よ み かた	／かた	方	*	4／13
	7	作り方	つく り かた	つく／			17／13
	8	四年生	よ ねん せい				3／6／1
	9	大丈夫[な]	だい じょう ぶ[な]	／じょう／ふ			1／-／-
	10	持ちます	も ちます	も			19
	11	使います	つか います	つか			39
14	1	海	うみ	うみ			25

課		ことば	読み方	漢字の新しい読み方	書き漢字	レベル	書き漢字の初出課
14	2	写真	しゃ しん	しゃ／しん			37／37
	3	料金	りょう きん	りょう／			18／4
	4	電話料金	でん わ りょう きん				6／10／18／4
	5	自分	じ ぶん	じ／ぶん	自	*	14／5
	6	会います	あ います	あ	会	**	14
	7	死にます	し にます	し	死	*	14
	8	待ちます	ま ちます	ま	待	*	14
	9	始めます	はじ めます	はじ	始	*	14
	10	見せます	み せます				13
	11	出かけます	で かけます	で	出	**	14
	12	この前	この まえ		前	**	14
15	1	辞書	じ しょ	じ／	書	**	−／15
	2	住所	じゅう しょ	じゅう／	住	*	15／15
					所	*	
	3	台所	だい どころ	／ところ			10／15
	4	魚	さかな	さかな	魚	**	15
	5	書き方	か き かた				15／13
	6	洗う	あら う	あら	洗	*	15
	7	言う	い う	い	言	**	15
	8	書く	か く				15
	9	急ぐ	いそ ぐ	いそ			29
	10	運ぶ	はこ ぶ	はこ			24
	11	上がる	あ がる	あ			9
	12	切る	き る		切	*	15
	13	取る	と る	と			−
	14	集める	あつ める	あつ			39
	15	もう一度	もう いち ど	／ど			3／34
16	1	場所	ば しょ	ば／			24／15
	2	空港	くう こう	くう／こう	空	**	16／−
	3	動物	どう ぶつ	どう／ぶつ			24／24
	4	中学生	ちゅう がく せい				8／1／1
	5	本当	ほん とう	／とう			1／−
	6	毎日	まい にち	まい／	毎	**	16／1
	7	毎週	まい しゅう				16／5
	8	毎月	まい つき				16／5
	9	毎年	まい とし				16／6
	10	東京	とう きょう		東	**	16／16
					京	*	
	11	聞く	き く	き			20
	12	知る	し る	し	知	*	16

課		ことば	読み方	漢字の新しい読み方	書き漢字	レベル	書き漢字の初出課
16	13	住む	すむ	す			15
	14	乗る	のる	の	乗	*	16
	15	入る	はいる		入	**	16
	16	入れる	いれる	い			16
	17	止める	とめる	と			21
	18	乗り換える	のりかえる	／か			16／-
17	1	池	いけ	いけ	池	*	17
	2	顔	かお	かお	顔	*	17
	3	新聞	しんぶん	しん／ぶん			20／20
	4	作文	さくぶん	さく／ぶん	作	*	17／17
					文	*	
	5	試験	しけん	し／けん	試	*	17／25
	6	試合	しあい	／あい	合	*	17／17
	7	自転車	じてんしゃ	／てん／			14／27／6
	8	市民グラウンド	しみんぐらうんど	／みん／	民	*	13／17
	9	泣く	なく	な			36
	10	受ける	うける	う			-
	11	運転する	うんてんする	うん／			24／27
	12	来る	くる	く			6
	13	全部	ぜんぶ	ぜん／ぶ			-／23
	14	先に	さきに	さき			9
18	1	会社	かいしゃ	／しゃ	社	**	14／18
	2	ガス会社	がすがいしゃ				14／18
	3	料理	りょうり	／り	料	*	18／18
					理	*	
	4	歌	うた	うた			25
	5	※歌手	かしゅ	か／しゅ			25／9
	6	恋人	こいびと	こい／			-／1
	7	着物	きもの		着	*	18／24
	8	忘れ物	わすれもの	わす／			34／24
	9	富士山	ふじさん	ふ／し／さん			-／-／7
	10	大好き[な]	だいすき[な]		好	*	1／18
	11	思い出す	おもいだす	おも／だ			19／14
	12	出す	だす				14
	13	飲む	のむ		飲	**	18
	14	着る	きる				18
	15	別れる	わかれる	わか			42
	16	気がつく	きがつく				12
	17	楽しみにする	たのしみにする	たの			24
19	1	月	つき				5
	2	森	もり	もり	森	*	19

課		ことば	読み方	漢字の新しい読み方	書き漢字	レベル	書き漢字の初出課
19	3	薬	くすり	くすり			32
	4	駅	えき	えき	駅	**	19
	5	※東京駅	とう きょう えき				16／16／19
	6	地下鉄	ち か てつ	ち／か／てつ	地	*	19／9／-
	7	医者	い しゃ	い／しゃ			41／41
	8	お医者さん	お い しゃ さん				41／41
	9	人口	じん こう	／こう			1／11
	10	用事	よう じ	よう／じ			37／27
	11	気持ち	き も ち		持	*	12／19
	12	※心	こころ	こころ	心	*	19
	13	忘年会	ぼう ねん かい	ぼう／／			34／6／14
	14	留学	りゅう がく				39／1
	15	元気[な]	げん き[な]		元	*	19／12
	16	便利[な]	べん り[な]	べん／り			33／-
	17	思う	おも う		思	*	19
	18	お大事に。	お だい じ に。				1／27
20	1	運動	うん どう				24／24
	2	ご飯	ご はん	はん			26
	3	朝ご飯	あさ ご はん		朝	*	20／26
	4	昼ご飯	ひる ご はん				34／26
	5	問題	もん だい	／だい			31／31
	6	答え	こた え		答	*	20
	7	紙	かみ	かみ			35
	8	新聞	しん ぶん		新	**	20／20
					聞	**	
	9	火	ひ				5
	10	科学者	か がく しゃ	か／／			-／1／41
	11	食事	しょく じ				4／27
	12	六回	ろっ かい	かい	回	*	3／20
	13	一本	いっ ぽん				3／1
	14	何本	なん ぼん				2／1
	15	新しい	あたら しい	あたら			20
	16	生まれる	う まれる	う			1
	17	知らせる	し らせる				16
	18	役に立つ	やく に たつ	／た	立	**	-／20
	19	以上です。	い じょう です。	い／じょう			40／9
21	1	病気	びょう き				30／12
	2	台風	たい ふう	たい／ふう			10／28
	3	力	ちから	ちから	力	*	21
	4	道	みち	みち	道	**	21

課		ことば	読み方	漢字の新しい読み方	書き漢字	レベル	書き漢字の初出課
21	5	交番	こうばん	こう／ばん			-／-
	6	中止	ちゅうし	／し	止	*	8／21
	7	強い	つよい	つよ	強	*	21
	8	弱い	よわい	よわ			37
	9	悪い	わるい	わる			39
	10	心配[な]	しんぱい[な]	しん／はい			19／-
	11	着く	つく	つ			18
	12	太る	ふとる	ふと	太	*	21
	13	注意する	ちゅういする	／い			36／36
	14	勉強する	べんきょうする	べん／きょう	勉	*	21／21
	15	連絡する	れんらくする	れん／らく			-／-
	16	以下	いか				40／9
22	1	(ま4)小学校	しょうがっこう	しょう／／			7／1／1
	2	人形	にんぎょう	／ぎょう			1／-
	3	手紙	てがみ				9／35
	4	遠く	とおく	とお			27
	5	区	く	く	区	*	22
	6	町	まち	まち	町	*	22
	7	※村	むら	むら	村	*	22
	8	※さいたま市	さいたまし				13
	9	東京都	とうきょうと	／／と			16／16／-
	10	※青森県	あおもりけん	／／けん	県	*	32／19／22
	11	長崎県	ながさきけん	／さき／	長	**	22／-／22
	12	(ま4)同じ	おなじ	おな	同	*	22
	13	合格する	ごうかくする	ごう／かく			17／-
	14	連れて行く	つれていく	つ／			-／6
	15	連れて来る	つれてくる				-／6
	16	この間	このあいだ				12
	17	お世話になりました。	おせわになりました。	せ／			37／10

索引（さくいん）

[ま]…『日本語初級１大地　メインテキスト』の「まとめ」で使われていることば
[L]…『日本語初級１大地　文型説明と翻訳』の各課末 Language and Culture Information で使われていることば
※…『日本語初級１大地　メインテキスト』・『日本語初級１大地　文型説明と翻訳』で使われていないことば
[ま]…Words used in the まとめ (summary) of 'Daichi' - Elementary Japanese 1: Main Text
[L]…Words used in the Language and Culture Information item ending each section in 'Daichi' - Elementary Japanese 1: Translation of the Main Text and Grammar Notes.
※…Words not used in 'Daichi' - Elementary Japanese 1: Main Text or 'Daichi' - Elementary Japanese 1: Translation of the Main Text and Grammar Notes.
[ま]…Các từ được sử dụng trong phần tóm tắt của sách Tiếng Nhật sơ cấp 1 Daichi - Bản chính.
[L]…Các từ được sử dụng trong mục Ngôn ngữ và Thông tin Văn hóa ở phần cuối các bài của sách Tiếng Nhật sơ cấp 1 Daichi - Giải thích và dịch mẫu câu.
※…Các từ không được sử dụng trong sách Tiếng Nhật sơ cấp 1 Daichi - Bản chính và Tiếng Nhật sơ cấp 1 Daichi - Giải thích và dịch mẫu câu.

読み方	ことば	課	同じ漢字を使うことば1	同じ漢字を使うことば2	同じ漢字を使うことば3
あさごはん	朝ご飯	20	朝(6)	ご飯(20、26)、昼ご飯(20)	
あし	足	11	–		
あたらしい	新しい	20	新聞(17、20)、新製品(26)、新入生・新入社員(29)		
あつめる	集める	15、25、30	集まる(39)		
あに	兄	9、40	お兄さん(9)		
あね	姉	9、40	お姉さん(9)		
あのひと	あの人	2	日本人・ベトナム人(1)、女の人・一人・二人・百人・何人(8)、外国人(13)、恋人(18)、人口(19)、人形(22)、大人(24)、人気がある(25)、有名人(33)、大人用(37)、一人旅・ご主人(40)		
あめ	雨	9	–		
あらう	洗う	15	–		
い					
いう	言う	15	–		
いか	以下	21	以上です。(20)、勉強以外(40)	下(8)、下手[な](9)、地下鉄(19)、下ろす(24)、下りる(27)、下さる(41)	
いきます(いく)	行きます(行く)	6	連れて行く(22)、銀行(23)、旅行(28、30)、行う(36)		
いけ	池	17	–		
いしゃ	医者	19	お医者さん(19)、医学(41)	お医者さん(19)、科学者(20)、学者(41)	
いじょうです。	以上です。	20	以下(21)、勉強以外(40)	上(8)、上手[な](9)、上がる(15)	
いそぐ	急ぐ	15	急[な](29)		
いち	一	3	一人(8)、一週間(12)、もう一度(15、40)、一本(20)、一丁目(23)、一人旅(40)		

読み方	ことば	課	同じ漢字を使うことば1	同じ漢字を使うことば2	同じ漢字を使うことば3
いちがつ	一月	6	－	月曜日(5)、四月・七月・九月(6)、月見(12)、毎月(16)、月(19)	
いちだい	一台	10	一(3)、一人(8)、一週間(12)、もう一度(15、40)、一本(20)、一丁目(23)、一人旅(40)	台所(15)、台風(21)	
いつか	五日	6	－	日本・日本語・日本人(1)、今日(4)、月曜日・火曜日・木曜日・金曜日・土曜日・日曜日(5)、水曜日(5、29)、一日・二日・三日・四日・六日・七日・八日・九日・十日・十一日・二十日・二十四日・三十日(6)、毎日(16)、昨日(25)、週休二日(29)、当日(37)、本日(42)	
いっしゅうかん	一週間	12	一(3)、一人(8)、もう一度(15、40)、一本(20)、一丁目(23)、一人旅(40)	今週・先週・来週(5)、毎週(16)、週休二日(29)	間(8)、時間(12)、二時間半(12)、この間(22)、昼間(24)、間に合う(33)、四年間(42)
いっぽん	一本	20	一(3)、一人(8)、もう一度(15、40)、一週間(12)、一丁目(23)、一人旅(40)	日本・日本語・日本人(1)、本(2)、本当(16)、何本(20)、本日(42)	
いま	今	5	今日(4)、今週(5)、今年(6)、今度(26、34)、今晩(32)、		
いもうとさん	妹さん	9	妹(40)		
いれる	入れる	16	入ります(5)、入る(16)、新入生・新入社員(29)、入学試験(35)		
いろ	色	10	茶色(31)、金色(32)		
いんどねしあご	インドネシア語	2	日本語(1)、英語(9)、物語(34)		
う					
うえ	上	8	上手[な](9)、上がる(15)、以上です。(20)		
うける	受ける	17	－		
うしろ	後ろ	8	午後(5)		
うた	歌	18、25	歌手(18)、歌う(26)		

読み方	ことば	課	同じ漢字を使うことば1	同じ漢字を使うことば2	同じ漢字を使うことば3
うまれる	生まれる	20	学生(1)、先生(1、9)、高校生(6)、留学生(11)、四年生(13)、中学生(16)、小学生・学生証(26)、新入生(29)、生活・生かす・長生きする(33)、林先生(34)、生きる(36)		
うみ	海	14、25	海外・北海道(30)		
うんてんする	運転する	17、24	運ぶ(15)、運動(20)	自転車(17)、転ぶ(27)、回転ずし(32)	
うんどう	運動	20	運ぶ(15)、運転する(17、24)	動物(16)、動物園・動く(24)、動画(26)、自動車(36)	
え					
えいご	英語	9	–	日本語(1)、インドネシア語(2)、物語(34)	
えき	駅	19	東京駅(19)、駅前(35)		
お					
おいしゃさん	お医者さん	19	医者(19)、医学(41)	医者(19)、科学者(20)、学者(41)	
おおい	多い	11	–		
おおきい	大きい	7	大学(1)、大変[な](7)、大切[な](11)、大学院・大丈夫[な](13)、大好き[な](18)、お大事に。(19)、大人(24)、大会(31)、大人用(37)、大雪(39)		
おかあさん	お母さん	9	母(9)		
おかね	お金	4	金曜日(5)、料金・電話料金(14)、金色(32)		
おくります（おくる）	送ります（送る）	10	送信する(34)		
おしえます（おしえる）	教えます（教える）	10、25	教室(4)		
おせわになりました。	お世話になりました。	22	世界・世界中(37)、お世話になる(41)	電話(2)、会話(5)、話します(10)、話(26)、話し合う(39)、お世話になる(41)	

読み方	ことば	課	同じ漢字を使うことば1	同じ漢字を使うことば2	同じ漢字を使うことば3
おだいじに。	お大事に。	19	大学(1)、大きい・大変[な](7)、大切[な](11)、大学院・大丈夫[な](13)、大好き[な](18)、大人(24)、大会(31)、大人用(37)、大雪(39)	用事(19)、食事(20)、仕事(27)、火事・山火事(28)	
おちゃ	お茶	10	茶色(31)		
おとうさん	お父さん	9	父(9)		
おとうとさん	弟さん	9	弟(40)		
おとこのこ	男の子	8	−	親子(2)、調子(39)	
おなじ	同じ	22 (ま4)	−		
おにいさん	お兄さん	9	兄(9、40)		
おねえさん	お姉さん	9	姉(40)		
おもい	重い	12	−		
おもいだす	思い出す	18	思う(19)	出かけます(14)、出す(18)、出る(23)、貸し出し・出席する(26)、引き出し(28)	
おもう	思う	19	思い出す(18)		
おやこ	親子	2	親切[な](7)、親しむ(36)、両親(40)	男の子(8)、調子(39)	
おんなのひと	女の人	8	王女様(41)	日本人・ベトナム人(1)、あの人(2)、一人・二人・百人・何人(8)、外国人(13)、恋人(18)、人口(19)、人形(22)、大人(24)、人気がある(25)、有名人(33)、大人用(37)、一人旅・ご主人(40)	
か					
がいこくじん	外国人	13※	外(8)、外食(29)、海外(30)、勉強以外(40)、席を外す(42)	国・中国(1)、帰国する(39)、国々(42)、	日本人・ベトナム人(1)、あの人(2)、女の人・一人・二人・百人・何人(8)、恋人(18)、人口(19)、人形(22)、大人(24)、人気がある(25)、有名人(33)、大人用(37)、ご主人・一人旅(40)

読み方	ことば	課	同じ漢字を使うことば1	同じ漢字を使うことば2	同じ漢字を使うことば3
かいしゃ	会社	18	会話(5)、ガス会社(18)、忘年会(19)、都会(29)、大会(31)、会計(42)	ガス会社(18)、社長(26)、新入社員(29)、神社(35)	
かいます(かう)	買います(買う)	10、25	買い物(9、26)		
かいもの	買い物	9、26	買います(10)、買う(25)	食べ物・建物(7)、飲み物(11)、動物(16)、着物・忘れ物(18)、動物園(24)、物語(34)、見物する(41)	
かいわ	会話	5	会社・ガス会社(18)、忘年会(19)、都会(29)、大会(31)、会計(42)	電話(2)、話します(10)、お世話になりました。(22)、話(26)、話し合う(39)、お世話になる(41)	
かお	顔	17	−		
かがくしゃ	科学者	20	−	大学・学生・学校(1)、留学生(11)、大学院・工学・見学(13)、中学生(16)、留学(19)、小学校(22)、小学生・学生証(26)、学食(29)、入学試験(35)、留学する(39)、学ぶ(40)、学者・医学(41)、進学する(42)	医者・お医者さん(19)、学者(41)
かきかた	書き方	15	図書館・書きます(4)、書く(15、28)、辞書(15)、願書・証明書(31)、計画書(33)	読み方・作り方(13)、夕方(27)、あの方(41)	
かきます(かく)	書きます(書く)	4、15、28	図書館(4)、書き方・辞書(15)、願書・証明書(31)、計画書(33)		
がくせい	学生	1	大学・学校(1)、留学生(11)、大学院・工学・見学(13)、中学生(16)、留学(19)、科学者(20)、小学校(22)、小学生・学生証(26)、学食(29)、入学試験(35)、留学する(39)、学ぶ(40)、学者・医学(41)、進学する(42)	先生(1、9)、高校生(6)、留学生(11)、四年生(13)、中学生(16)、生まれる(20)、小学生・学生証(26)、新入生(29)、生活・生かす・長生きする(33)、林先生(34)、生きる(36)、留学する(39)	
かします(かす)	貸します(貸す)	10、27	貸し出し(26)		
かしゅ	歌手	18※	歌(18、25)、歌う(26)	切手(4)、上手[な](9)、下手[な](9)、手(11)、手紙(22)	

読み方	ことば	課	同じ漢字を使うことば1	同じ漢字を使うことば2	同じ漢字を使うことば3
がすがいしゃ	ガス会社	18	会話(5)、会います(14)、会社(18)、忘年会(19)、都会(29)、大会(31)、会計(42)	会社(18)、社長(26)、新入社員(29)、神社(35)	
がっこう	学校	1	大学・学生(1)、留学生(11)、大学院・工学・見学(13)、中学生(16)、留学(19)、科学者(20)、小学校(22)、小学生・学生証(26)、学食(29)、入学試験(35)、留学する(39)、学ぶ(40)、学者・医学(41)、進学する(42)	高校生(6)、小学校(22)	
かみ	紙	20、35	手紙(22)		
かようび	火曜日	5	花火(12)、火(20)、火事・山火事(28)	月曜日・木曜日・金曜日・土曜日・日曜日(5)、水曜日(5、29)	日本・日本語・日本人(1)、今日(4)、月曜日・木曜日・金曜日・土曜日・日曜日(5)、水曜日(5、29)、一日・二日・三日・四日・五日・六日・七日・八日・九日・十日・十一日・二十日・二十四日・三十日(6)、毎日(16)、昨日(25)、週休二日(29)、当日(37)、本日(42)
からだ	体	11	−		
かります（かりる）	借ります（借りる）	10	−		
かわ	川	7※	山川さん(39)		
き					
きがつく	気がつく	18、29	元気[な](7、19)、天気(9、12)、気持ち(19)、病気(21)、電気(23)、人気がある(25)、気分・気をつける(27)		
きく	聞く	16、34	新聞(17、20)、聞こえる(23)		
きたぐち	北口	8	北(30)、北海道(30)	東口・西口・南口(8)、口(11)、人口(19)	
きって	切手	4	親切[な](7)、大切[な](11)、切る(15)、切れる(28)、つめ切り(35)	上手[な](9)、下手[な](9)、手(11)、歌手(18)、手紙(22)	
きます（きる）	着ます（着る）	12､18､34	着物(18)、着く(21)		

読み方	ことば	課	同じ漢字を使うことば1	同じ漢字を使うことば2	同じ漢字を使うことば3
きます（くる）	来ます（来る）	6、17	来週（5）、来年（6）、連れて来る（22）、将来（30）		
きもち	気持ち	19	元気[な]（7、19）、天気（9、12）、気がつく（18、29）、病気（21）、電気（23）、人気がある（25）、気分・気をつける（27）	持ちます（13）、持ち歩く（35）	
きもの	着物	18	着ます（12）、着る（18、34）、着く（21）	建物・食べ物（7）、買い物（9、26）、飲み物（11）、動物（16）、忘れ物（18）、動物園（24）、物語（34）、見物する（41）	
きゅう・く	九	3	四万九千円（3）		
ぎゅうどん	牛どん	2	牛肉（2）		
ぎゅうにく	牛肉	2	牛どん（2）	肉（2、29）	
きょう	今日	4	今・今週（5）、今年（6）、今度（26、34）、今晩（32）	日本・日本語・日本人（1）、月曜日・火曜日・木曜日・金曜日・土曜日・日曜日（5）、水曜日（5、29）、一日・二日・三日・四日・五日・六日・七日・八日・九日・十日・十一日・二十日・二十四日・三十日（6）、毎日（16）、昨日（25）、週休二日（29）、当日（37）、本日（42）	
きょうしつ	教室	4	教えます（10）、教える（25）	コンピューター室（4）	
きょねん	去年	6	–	今年・来年（6）、半年（12）、四年生（13）、毎年（16）、忘年会（19）、四年間（42）	
きる	切る	15	切手（4）、親切[な]（7）、大切[な]（11）、切れる（28）、つめ切り（35）		
きんようび	金曜日	5	お金（4）、料金・電話料金（14）、金色（32）	月曜日・火曜日・木曜日・土曜日・日曜日（5）、水曜日（5、29）	日本・日本語・日本人（1）、今日（4）、月曜日・火曜日・木曜日・土曜日・日曜日（5）、水曜日（5、29）、一日・二日・三日・四日・五日・六日・七日・八日・九日・十日・十一日・二十日・二十四日・三十日（6）、毎日（16）、昨日（25）、週休二日（29）、当日（37）、本日（42）

読み方	ことば	課	同じ漢字を使うことば1	同じ漢字を使うことば2	同じ漢字を使うことば3
く					
く	区	22	–		
くうこう	空港	16、28	空(28)	–	
くがつ	九月	6	–	月曜日(5)、一月・四月・七月(6)、月見(12)、毎月(16)、月(19)	
くすり	薬	19、32	–		
くち	口	11	東口・西口・南口・北口(8)、人口(19)		
くに	国	1	中国(1)、外国人(13)、帰国する(39)、国々(42)		
くび	首	11	–		
くるま	車	2	電車(6)、自転車(17)、中古車(33)、車いす(35)、自動車(36)		
くろい	黒い	7、32	–		
け					
げつようび	月曜日	5	一月・四月・七月・九月(6)、月見(12)、毎月(16)、月(19)	火曜日・木曜日・金曜日・土曜日・日曜日(5)、水曜日(5、29)	日本・日本語・日本人(1)、今日(4)、火曜日・木曜日・金曜日・土曜日・日曜日(5)、水曜日(5、29)、一日・二日・三日・四日・五日・六日・七日・八日・九日・十日・十一日・二十日・二十四日・三十日(6)、毎日(16)、昨日(25)、週休二日(29)、当日(37)、本日(42)
けんがく	見学	13	見ます(4)、月見・花見(12)、見せます(14)、意見(32)、発見する(36)、見物する(41)	学生・学校・大学(1)、留学生(11)、大学院・工学(13)、中学生(16)、留学(19)、科学者(20)、小学校(22)、小学生・学生証(26)、学食(29)、入学試験(35)、留学する(39)、学ぶ(40)、学者・医学(41)、進学する(42)	

読み方	ことば	課	同じ漢字を使うことば1	同じ漢字を使うことば2	同じ漢字を使うことば3
げんき[な]	元気[な]	7、19	−	天気(9、12)、気がつく(18、29)、気持ち(19)、病気(21)、電気(23)、人気がある(25)、気分・気をつける(27)	
こ					
ご	五	3	五分(5)		
こいびと	恋人	18	−	日本人・ベトナム人(1)、あの人(2)、女の人・一人・二人・百人・何人(8)、外国人(13)、人口(19)、人形(22)、大人(24)、人気がある(25)、有名人(33)、大人用(37)、一人旅・ご主人(40)	
こうがく	工学	13	工業(36)	大学・学生・学校(1)、留学生(11)、大学院・見学(13)、中学生(16)、留学(19)、科学者(20)、小学校(22)、小学生・学生証(26)、学食(29)、入学試験(35)、留学する(39)、学ぶ(40)、学者・医学(41)、進学する(42)	
ごうかく	合格する	22	試合(17)、場合(27)、間に合う(33)、話し合う(39)、打ち合わせ(42)	−	
こうこうせい	高校生	6	高い(7)	学校(1)、小学校(22)	学生(1)、先生(1、9)、留学生(11)、四年生(13)、中学生(16)、生まれる(20)、小学生・学生証(26)、新入生(29)、生活・生かす・長生きする(33)、林先生(34)、生きる(36)
こうばん	交番	21	交通(23)	−	
ごご	午後	5	午前(5)	後ろ(8)	

読み方	ことば	課	同じ漢字を使うことば1	同じ漢字を使うことば2	同じ漢字を使うことば3
ここのか	九日	6	−	日本・日本語・日本人(1)、今日(4)、月曜日・火曜日・木曜日・金曜日・土曜日・日曜日(5)、水曜日(5、29)、一日・二日・三日・四日・五日・六日・七日・八日・十日・十一日・二十日・二十四日・三十日(6)、毎日(16)、昨日(25)、週休二日(29)、当日(37)、本日(42)	
こころ	心	19※	心配[な](21)		
ごぜん	午前	5	午後(5)	名前(1)、前(8)、この前(14)、駅前(35)	
こたえ	答え	12(ま2)、20	答える(25)		
ことし	今年	6	今日(4)、今・今週(5)、今度(26、34)、今晩(32)、	去年・来年(6)、半年(12)、四年生(13)、毎年(16)、忘年会(19)、四年間(42)	
このあいだ	この間	22	間(8)、時間・一週間・二時間半(12)、昼間(24)、間に合う(33)、四年間(42)		
このまえ	この前	14	名前(1)、午前(5)、前(8)、駅前(35)		
ごはん	ご飯	20、26	朝ご飯・昼ご飯(20)		
ごふん	五分	5	五(3)	二十分(5)、自分(14)、気分・十分(27)、分かる(32)	
こんしゅう	今週	5	今日(4)、今(5)、今年(6)、今度(26、34)、今晩(32)	先週・来週(5)、一週間(12)、毎週(16)、週休二日(29)、	
こんぴゅーたーしつ	コンピューター室	4	教室(4)		
さ					
さいたまし	さいたま市	22※	市役所(13)、市民グラウンド(17)、都市・都市計画(42)		
さかな	魚	15、29	−		

読み方	ことば	課	同じ漢字を使うことば1	同じ漢字を使うことば2	同じ漢字を使うことば3
さきに	先に	17	先生(1、9)、先週(5)、お先に(34)、あて先(42)		
さくぶん	作文	17	作り方(13)、作家(41)	注文(10)、文化祭(41)	
ざっし	雑誌	4	−	−	
さん	三	3	三百七十円(3)		
さんじゅうにち	三十日	6	−		日本・日本語・日本人(1)、今日(4)、月曜日・火曜日・木曜日・金曜日・土曜日・日曜日(5)、水曜日(5、29)、一日・二日・三日・四日・五日・六日・七日・八日・九日・十日・十一日・二十日・二十四日(6)、毎日(16)、昨日(25)、週休二日(29)、当日(37)、本日(42)
さんびゃく ななじゅうえん	三百七十円	3	三(3)	百・六百円(3)	七(3)、七夕(35)
			十(3)、二十分(5)、十分(27)	六百円・八千円・四万九千円(3)	
し					
しあい	試合	17	試験(17、25)、入学試験(35)	合格する(22)、場合(27)、間に合う(33)、話し合う(39)、打ち合わせ(42)	
しがつ	四月	6	−	月曜日(5)、一月・七月・九月(6)、月見(12)、毎月(16)、月(19)	
じかん	時間	12	時々(4)、四時半(5)、時計(10)、二時間半(12)、時代(42)	間(8)、一週間・二時間半(12)、この間(22)、昼間(24)、間に合う(33)、四年間(42)	
しけん	試験	17、25	試合(17)、入学試験(35)	入学試験(35)	
じしょ	辞書	15	−	書きます・図書館(4)、書き方(15)、書く(15、28)、願書・証明書(31)、計画書(33)	
した	下	8	下手[な](9)、地下鉄(19)、以下(21)、下ろす(24)、下りる(27)、下さる(41)		
しちがつ	七月	6	−	月曜日(5)、一月・四月・九月(6)、月見(12)、毎月(16)、月(19)	

読み方	ことば	課	同じ漢字を使うことば1	同じ漢字を使うことば2	同じ漢字を使うことば3
しつもん	質問	12、26	–	問題(20、31)	
じてんしゃ	自転車	17	自分(14)、自由[な](29)、自動車(36)	運転する(17、24)、転ぶ(27)、回転ずし(32)	車(2)、電車(6)、中古車(33)、車いす(35)、自動車(36)
しにます(しぬ)	死にます(死ぬ)	14	–		
じぶん	自分	14	自転車(17)、自由[な](29)、自動車(36)	五分・二十分(5)、気分・十分(27)、分かる(32)	
しみんぐらうんど	市民グラウンド	17	市役所(13)、さいたま市(22)、都市・都市計画(42)	–	
しやくしょ	市役所	13	市民グラウンド(17)、さいたま市(22)、都市・都市計画(42)	役に立つ(20)	住所・台所(15)、場所(16)
しゃしん	写真	14、37	–	–	
じゅう	十	3	三百七十円(3)、二十分(5)、十分(27)		
じゅういちにち	十一日	6	–	–	日本・日本語・日本人(1)、今日(4)、月曜日・火曜日・木曜日・金曜日・土曜日・日曜日(5)、水曜日(5、29)、一日・二日・三日・四日・五日・六日・七日・八日・九日・十日・二十日・二十四日・三十日(6)、毎日(16)、昨日(25)、週休二日(29)、当日(37)、本日(42)
じゅうしょ	住所	15	住む(16)	市役所(13)、台所(15)、場所(16)	
しょうがっこう	小学校	22(ま4)	小さい(7)、小学生(26)	大学・学校・学生(1)、留学生(11)、大学院・工学・見学(13)、中学生(16)、留学(19)、科学者(20)、小学生・学生証(26)、学食(29)、入学試験(35)、留学する(39)、学ぶ(40)、学者・医学(41)、進学する(42)	学校(1)、高校生(6)
じょうず[な]	上手[な]	9	上(8)、上がる(15)、以上です。(20)	切手(4)、下手[な](9)、手(11)、歌手(18)、手紙(22)	
しょくじ	食事	20	食堂(4、8)、食べます(4)、食べ物(7)、外食・学食(29)	お大事に。・用事(19)、仕事(27)、火事・山火事(28)	

読み方	ことば	課	同じ漢字を使うことば1	同じ漢字を使うことば2	同じ漢字を使うことば3
せ					
せっけん	石けん	10	–		
せん	千	3	八千円・四万九千円(3)		
せんしゅう	先週	5	先生(1、9)、先に(17)、林先生・お先に(34)、あて先(42)	今週・来週(5)、一週間(12)、毎週(16)、週休二日(29)	
せんせい	先生	1、9	先週(5)、先に(17)、林先生・お先に(34)、あて先(42)	学生(1)、高校生(6)、留学生(11)、四年生(13)、中学生(16)、生まれる(20)、小学生・学生証(26)、新入生(29)、生活・生かす・長生きする(33)、林先生(34)、生きる(36)	
ぜんぶ	全部	17	安全[な](29)	部屋(23)	
そ					
そと	外	8	外国人(13)、外食(29)、海外(30)、勉強以外(40)、席を外す(42)		
た					
だいがく	大学	1	大きい・大変[な](7)、大切[な](11)、大学院・大丈夫[な](13)、大好き[な](18)、お大事に。(19)、大人(24)、大会(31)、大人用(37)、大雪(39)	学校・学生(1)、留学生(11)、工学・見学・大学院(13)、中学生(16)、留学(19)、科学者(20)、小学校(22)、小学生・学生証(26)、学食(29)、入学試験(35)、留学する(39)、学ぶ(40)、医学・学者(41)、進学する(42)	
だいがくいん	大学院	13	大学(1)、大きい・大変[な](7)、大切[な](11)、大丈夫[な](13)、大好き[な](18)、お大事に。(19)、大人(24)、大会(31)、大人用(37)、大雪(39)	大学・学校・学生(1)、留学生(11)、工学・見学(13)、中学生(16)、留学(19)、科学者(20)、小学校(22)、小学生・学生証(26)、学食(29)、入学試験(35)、留学する(39)、学ぶ(40)、学者・医学(41)、進学する(42)	病院(6、30)
だいじょうぶ[な]	大丈夫[な]	13	大学(1)、大きい・大変[な](7)、大切[な](11)、大学院(13)、大好き[な](18)、お大事に。(19)、大人(24)、大会(31)、大人用(37)、大雪(39)	丈夫[な](23)	丈夫[な](23)

読み方	ことば	課	同じ漢字を使うことば1	同じ漢字を使うことば2	同じ漢字を使うことば3
だいすき[な]	大好き[な]	18	大学(1)、大きい・大変[な](7)、大切[な](11)、大学院・大丈夫[な](13)、お大事に。(19)、大人(24)、大会(31)、大人用(37)、大雪(39)	好き[な](9)、きれい好き[な](29)	
たいせつ[な]	大切[な]	11	大学(1)、大きい・大変[な](7)、大学院・大丈夫[な](13)、大好き[な](18)、お大事に。(19)、大人(24)、大会(31)、大人用(37)、大雪(39)	切手(4)、親切[な](7)、切る(15)、切れる(28)、つめ切り(35)	
だいどころ	台所	15	一台(10)、台風(21)	市役所(13)、住所(15)、場所(16)	
たいふう	台風	21	一台(10)、台所(15)	風(28)	
たいへん[な]	大変[な]	7	大学(1)、大きい(7)、大切[な](11)、大学院・大丈夫[な](13)、大好き[な](18)、お大事に。(19)、大人(24)、大会(31)、大人用(37)、大雪(39)	変[な](28)、変える(29)	
たかい	高い	7	高校生(6)		
だす	出す	18	出かけます(14)、思い出す(18)、出る(23)、貸し出し・出席する(26)、引き出し(28)		
たてもの	建物	7	建てる(30)	食べ物(7)、買い物(9、26)、飲み物(11)、動物(16)、着物・忘れ物(18)、動物園(24)、物語(34)、見物する(41)	
たなかさん	田中さん	6、8	-	中国(1)、中(8)、中学生(16)、中止(21)、中古車(33)、世界中(37)、授業中(38)	
たのしみにする	楽しみにする	18	音楽(24)、楽しむ(27)、楽しい(34)		
たべもの	食べ物	7	食堂(4、8)、食べます(4)、食事する(20)、外食・学食(29)	建物(7)、買い物(9、26)、飲み物(11)、動物(16)、着物・忘れ物(18)、動物園(24)、物語(34)、見物する(41)	
たべます（たべる）	食べます（食べる）	4	食堂(4、8)、食べ物(7)、食事(20)、外食・学食(29)		

読み方	ことば	課	同じ漢字を使うことば1	同じ漢字を使うことば2	同じ漢字を使うことば3
ち					
ちいさい	小さい	7	小学校(22)、小学生(26)		
ちかく	近く	8	−		
ちかてつ	地下鉄	19	地震(28)、地図(31)、地球(35)、意地悪[な](37)	下(8)、下手[な](9)、以下(21)、下ろす(24)、下りる(27)、下さる(41)	−
ちから	力	21	−		
ちち	父	9	お父さん(9)		
ちゅういする	注意する	21、36	注文(10)	意見(32)、意地悪[な]・用意する(37)、意味(38)	
ちゅうがくせい	中学生	16	中国(1)、田中さん(6、8)、中(8)、中止(21)、中古車(33)、世界中(37)、授業中(38)	大学・学校・学生(1)、留学生(11)、見学・工学・大学院(13)、留学(19)、科学者(20)、小学校(22)、小学生・学生証(26)、学食(29)、入学試験(35)、留学する(39)、学ぶ(40)、学者・医学(41)、進学する(42)	学生(1)、先生(1、9)、高校生(6)、留学生(11)、四年生(13)、生まれる(20)、小学生・学生証(26)、新入生(29)、生活・生かす・長生きする(33)、林先生(34)、生きる(36)
ちゅうごく	中国	1	田中さん(6、8)、中(8)、中学生(16)、中止(21)、中古車(33)、世界中(37)、授業中(38)	国・中国(1)、外国人(13)、帰国する(39)	
ちゅうし	中止	21	中国(1)、田中さん(6、8)、中(8)、中学生(16)、中古車(33)、世界中(37)、授業中(38)	止める(16)、止まる(27)	
ちゅうもん	注文	10	注意する(21、36)	作文(17)、文化祭(41)	
つ					
ついたち	一日	6	−	日本・日本語・日本人(1)、今日(4)、月曜日・火曜日・木曜日・金曜日・土曜日・日曜日(5)、水曜日(5、29)、二日・三日・四日・五日・六日・七日・八日・九日・十日・十一日・二十日・二十四日・三十日(6)、毎日(16)、昨日(25)、週休二日(29)、当日(37)、本日(42)	

読み方	ことば	課	同じ漢字を使うことば1	同じ漢字を使うことば2	同じ漢字を使うことば3
つかいます（つかう）	使います（使う）	13、39	使用(38)		
つき	月	19	月曜日(5)、一月・四月・七月・九月(6)、月見(12)、毎月(16)		
つきみ	月見	12 L	月曜日(5)、一月・四月・七月・九月(6)、毎月(16)、月(19)	見ます(4)、花見(12)、見学(13)、見せます(14)、意見(32)、発見する(36)、見物する(41)	
つく	着く	21	着ます(12)、着物(18)、着る(18、34)		
つくりかた	作り方	13	作文(17)、作家(41)	読み方(13)、書き方(15)、夕方(27)、あの方(41)	
つよい	強い	21	勉強する(21)、勉強以外(40)		
つれていく	連れて行く	22	連絡する(21)、連れて来る(22)	行きます(6)、銀行(23)、旅行(28、30)、行う(36)	
つれてくる	連れて来る	22	連絡する(21)、連れて行く(22)	来週(5)、来ます・来年(6)、来る(17)、将来(30)	
て					
て	手	11	切手(4)、上手[な](9)、下手[な](9)、歌手(18)、手紙(22)		
でかけます（でかける）	出かけます（出かける）	14	出す・思い出す(18)、出る(23)、貸し出し・出席する(26)、引き出し(28)		
てがみ	手紙	22	切手(4)、上手[な](9)、下手[な](9)、手(11)、歌手(18)	紙(20、35)	
てんき	天気	9、12	-	元気[な](7、19)、気がつく(18、29)、気持ち(19)、病気(21)、電気(23)、人気がある(25)、気分・気をつける(27)	
でんしゃ	電車	6	電話(2)、電気(23)	車(2)、自転車(17)、中古車(33)、車いす(35)、自動車(36)	
でんわ	電話	2	電車(6)、電気(23)	会話(5)、話します(10)、電話料金(14)、お世話になりました。(22)、話(26)、話し合う(39)、お世話になる(41)	

読み方	ことば	課	同じ漢字を使うことば1	同じ漢字を使うことば2	同じ漢字を使うことば3
でんわりょうきん	電話料金	14	電話(2)、電車(6)、電気(23)	電話(2)、会話(5)、話します(10)、お世話になりました。(22)、話(26)、話し合う(39)、お世話になる(41)	料金(14)、料理(18)
			お金(4)、金曜日(5)、料金(14)、金色(32)		
と					
とうきょう	東京	8、16	東口(8)、東京駅(19)、東京都(22)、東(30)	東京駅(19)、東京都(22)、京都(25)	
とうきょうえき	東京駅※	19	東口(8)、東京(8、16)、東京都(22)、東(30)	東京(8、16)、東京都(22)、京都(25)	駅(19)、駅前(35)
とうきょうと	東京都	22	東口(8)、東京(8、16)、東京駅(19)、東(30)	東京(8、16)、東京駅(19)、京都(25)	京都(25)、都会(29)、都市・都市計画(42)
どうぶつ	動物	16	運動(20)、動物園・動く(24)、動画(26)、自動車(36)	建物・食べ物(7)、買い物(9、26)、飲み物(11)、着物・忘れ物(18)、動物園(24)、物語(34)、見物する(41)	
とおか	十日	6	–	日本・日本語・日本人(1)、今日(4)、月曜日・火曜日・木曜日・金曜日・土曜日・日曜日(5)、水曜日(5、29)、一日・二日・三日・四日・五日・六日・七日・八日・九日・十一日・二十日・二十四日・三十日(6)、毎日(16)、昨日(25)、週休二日(29)、当日(37)、本日(42)	
とおく	遠く	22、27	–		
ときどき	時々	4	四時半(5)、時計(10)、時間・二時間半(12)、時代(42)	少々(41)、国々・別々(42)	
とけい	時計	10	時々(4)、四時半(5)、時間(12)、二時間半(12)、時代(42)	計画(32)、計画書(33)、都市計画・会計(42)	
としょかん	図書館	4	地図(31)	書きます(4)、書き方(15)、書く(15、28)、辞書(15)、願書・証明書(31)、計画書(33)	旅館(26)、水族館(35)
とめる	止める	16	中止(21)、止まる(27)		

読み方	ことば	課	同じ漢字を使うことば1	同じ漢字を使うことば2	同じ漢字を使うことば3
ともだち	友達	12	−	−	
どようび	土曜日	5	お土産(26)	月曜日・火曜日・木曜日・金曜日・日曜日(5)、水曜日(5、29)	日本・日本語・日本人(1)、今日(4)、月曜日・火曜日・木曜日・金曜日・日曜日(5)、水曜日(5、29)、一日・二日・三日・四日・五日・六日・七日・八日・九日・十日・十一日・二十日・二十四日・三十日(6)、毎日(16)、昨日(25)、週休二日(29)、当日(37)、本日(42)
とり	鳥	12(ま2)、23	−		
とる	取る	15	−		
な					
なか	中	8	中国(1)、田中さん(6、8)、中学生(16)、中止(21)、中古車(33)、世界中(37)、授業中(38)		
ながい	長い	11	長崎県(22)、社長(26)、長生きする(33)、長野(36)		
ながさきけん	長崎県	22	長い(11)、社長(26)、長生きする(33)、長野(36)	−	
なく	泣く	17、36	−		
なつ	夏	11	夏休み(11、30)		
なつやすみ	夏休み	11、30	夏(11)	休みます(5)、週休二日(29)、冬休み(30)、休む(26)	
なな・しち	七	3	三百七十円(3)、七夕(35)		
なにをしますか。	何をしますか。	4	何ですか。(2)、何人(8)、何本(20)		

読み方	ことば	課	同じ漢字を使うことば1	同じ漢字を使うことば2	同じ漢字を使うことば3
なのか	七日	6	-	日本・日本語・日本人(1)、今日(4)、月曜日・火曜日・木曜日・金曜日・土曜日・日曜日(5)、水曜日(5、29)、一日・二日・三日・四日・五日・六日・八日・九日・十日・十一日・二十日・二十四日・三十日(6)、毎日(16)、昨日(25)、週休二日(29)、当日(37)、本日(42)	
なまえ	名前	1	有名[な](7)、有名人(33)	午前(5)、前(8)、この前(14)、駅前(35)	
ならいます(ならう)	習います(習う)	10	習慣・予習・復習(35)、練習する(40)		
なんですか。	何ですか。	2	何をしますか。(4)、何人(8)、何本(20)		
なんにん	何人	8	何ですか。(2)、何をしますか。(4)、何本(20)	日本人・ベトナム人(1)、あの人・女の人・一人・二人・百人(8)、外国人(13)、恋人(18)、人口(19)、人形(22)、大人(24)、人気がある(25)、有名人(33)、大人用(37)、一人旅・ご主人(40)	
なんぼん	何本	20	何ですか。(2)、何をしますか。(4)、何人(8)	日本・日本語・日本人(1)、本(2)、本当(16)、一本(20)、本日(42)	
に					
に	二	3	二十分(5)、二人(8)、二時間半(12)、週休二日(29)		
にく	肉	2、29	牛肉(2)		
にじかんはん	二時間半	12	二(3)、二十分(5)、二人(8)、週休二日(29)	時々(4)、四時半(5)、時計(10)、時間(12)、時代(42)	間(8)、時間・一週間(12)、この間(22)、昼間(24)、間に合う(33)、四年間(42)
			四時半(5)、半年(12)		
にしぐち	西口	8	西(30)	東口・南口・北口(8)、口(11)、人口(19)	

読み方	ことば	課	同じ漢字を使うことば１	同じ漢字を使うことば２	同じ漢字を使うことば３
			–	–	–
にじゅうよっか	二十四日	6	日本・日本語・日本人(1)、今日(4)、月曜日・火曜日・木曜日・金曜日・土曜日・日曜日(5)、水曜日(5、29)、一日・二日・三日・四日・五日・六日・七日・八日・九日・十日・十一日・二十日・三十日(6)、毎日(16)、昨日(25)、週休二日(29)、当日(37)、本日(42)		
にじゅっぷん	二十分	5	二(3)、二人(8)、二時間半(12)、週休二日(29)	十・三百七十円(3)、十分(27)	五分(5)、自分(14)、気分・十分(27)、分かる(32)
にちようび	日曜日	5	日本・日本語・日本人(1)、今日(4)、月曜日・火曜日・木曜日・金曜日・土曜日(5)、水曜日(5、29)、一日・二日・三日・四日・五日・六日・七日・八日・九日・十日・十一日・二十日・二十四日・三十日(6)、毎日(16)、昨日(25)、週休二日(29)、当日(37)、本日(42)	月曜日・火曜日・木曜日・金曜日・土曜日(5)、水曜日(5、29)	日本・日本語・日本人(1)、今日(4)、月曜日・火曜日・木曜日・金曜日・土曜日(5)、水曜日(5、29)、一日・二日・三日・四日・五日・六日・七日・八日・九日・十日・十一日・二十日・二十四日・三十日(6)、毎日(16)、昨日(25)、週休二日(29)、当日(37)、本日(42)
にほん	日本	1	日本語・日本人(1)、今日(4)、月曜日・火曜日・木曜日・金曜日・土曜日・日曜日(5)、水曜日(5、29)、一日・二日・三日・四日・五日・六日・七日・八日・九日・十日・十一日・二十日・二十四日・三十日(6)、毎日(16)、昨日(25)、週休二日(29)、当日(37)、本日(42)	日本語・日本人(1)、本(2)、本当(16)、一本・何本(20)、本日(42)	
にほんご	日本語	1	日本・日本人(1)、今日(4)、月曜日・火曜日・木曜日・金曜日・土曜日・日曜日(5)、水曜日(5、29)、一日・二日・三日・四日・五日・六日・七日・八日・九日・十日・十一日・二十日・二十四日・三十日(6)、毎日(16)、昨日(25)、週休二日(29)、当日(37)、本日(42)	日本・日本人(1)、本(2)、本当(16)、一本・何本(20)、本日(42)	インドネシア語(2)、英語(9)、物語(34)

読み方	ことば	課	同じ漢字を使うことば1	同じ漢字を使うことば2	同じ漢字を使うことば3
にほんじん	日本人	1	日本・日本語(1)、今日(4)、月曜日・火曜日・木曜日・金曜日・土曜日・日曜日(5)、水曜日(5、29)、一日・二日・三日・四日・五日・六日・七日・八日・九日・十日・十一日・二十日・二十四日・三十日(6)、毎日(16)、昨日(25)、週休二日(29)、当日(37)、本日(42)	日本・日本語・(1)、本(2)、本当(16)、一本・何本(20)、本日(42)	ベトナム人(1)、あの人(2)、女の人・一人・二人・百人・何人(8)、外国人(13)、恋人(18)、人口(19)、人形(22)、大人(24)、人気がある(25)、有名人(33)、大人用(37)、一人旅・ご主人(40)
にんぎょう	人形	22	日本人・ベトナム人(1)、あの人(2)、女の人・一人・二人・百人・何人(8)、外国人(13)、恋人(18)、人口(19)、大人(24)、人気がある(25)、有名人(33)、大人用(37)、一人旅・ご主人(40)	–	
の					
のみもの	飲み物	11	飲む(24)	食べ物・建物(7)、買い物(9、26)、動物(16)、着物・忘れ物(18)、動物園(24)、物語(34)、見物する(41)	
のむ	飲む	18、24	飲み物(11)		
のりかえる	乗り換える	16	乗る(16)		
のる	乗る	16	乗り換える(16)		
は					
はいります（はいる）	入ります(入る)	5、16	入れる(16)、新入生・新入社員(29)、入学試験(35)		
はこぶ	運ぶ	15	運動(20)、運転する(17、24)		
はじめます（はじめる）	始めます（始める）	14	–		
ばしょ	場所	16	キャンプ場(24)、売り場(26)、場合(27)	市役所(13)、住所・台所(15)	
はち	八	3	八千円(3)		

読み方	ことば	課	同じ漢字を使うことば1	同じ漢字を使うことば2	同じ漢字を使うことば3
はつか	二十日	6	–	–	日本・日本語・日本人(1)、今日(4)、月曜日・火曜日・木曜日・金曜日・土曜日・日曜日(5)、水曜日(5、29)、一日・二日・三日・四日・五日・六日・七日・八日・九日・十日・十一日・二十四日・三十日(6)、毎日(16)、昨日(25)、週休二日(29)、当日(37)、本日(42)
はっせんえん	八千円	3	八(3)	千(3)、四万九千円(3)	六百円、三百七十円・四万九千円(3)
はな	花	7	花火・花見(12)		
はなします(はなす)	話します(話す)	10	電話(2)、会話(5)、お世話になりました。(22)、話(26)、話し合う(39)、お世話になる(41)		
はなび	花火	12 L	花(7)、花見(12)	火曜日(5)、火(20)、火事・山火事(28)、	
はなみ	花見	12	花(7)、花火(12)	見ます(4)、月見(12)、見学(13)、見せます(14)、意見(32)、発見する(36)、見物する(41)	
はは	母	9	お母さん(9)		
はやく	早く	9、38	–		
はる	春	11、23	–		
はんとし	半年	12	四時半(5)、二時間半(12)	今年・去年・来年(6)、四年生(13)、毎年(16)、忘年会(19)、四年間(42)	
ひ					
ひ	火	20	火曜日(5)、花火(12)、火事・山火事(28)		
ひがしぐち	東口	8	東京(8、16)、東京駅(19)、東京都(22)、東(30)	西口・南口・北口(8)、口(11)、人口(19)	

読み方	ことば	課	同じ漢字を使うことば１	同じ漢字を使うことば２	同じ漢字を使うことば３
ひとり	一人	8	一(3)、一週間(12)、もう一度(15、40)、一本(20)、一丁目(23)、一人旅(40)	日本人・ベトナム人(1)、あの人(2)、女の人・二人・百人・何人(8)、外国人(13)、恋人(18)、人口(19)、人形(22)、大人(24)、人気がある(25)、有名人(33)、大人用(37)、一人旅・ご主人(40)	
ひゃく	百	3	六百円・三百七十円(3)、百人(8)		
ひゃくにん	百人	8	百・六百円・三百七十円(3)	日本人・ベトナム人(1)、あの人(2)、女の人・一人・二人・何人(8)、外国人(13)、恋人(18)、人口(19)、人形(22)、大人(24)、人気がある(25)、有名人(33)、大人用(37)、一人旅・ご主人(40)	
びょういん	病院	6、30	病気(21)	大学院(13)	
びょうき	病気	21	病院(6、30)	元気[な](7、19)、天気(9、12)、気がつく(18、29)、気持ち(19)、電気(23)、人気がある(25)、気分・気をつける(27)	
ひる	昼	6	昼ご飯(20)、昼間(24)、お昼(34)		
ひるごはん	昼ご飯	20	昼(6)、昼間(24)、お昼(34)	朝ご飯(20)、ご飯(20、26)	
ひろい	広い	7	–		
ふ					
ふじさん	富士山	18	山(7)、山火事(28)、山川さん(39)		
ふたり	二人	8	二(3)、二時間半(12)、週休二日(29)	日本人・ベトナム人(1)、あの人(2)、女の人・一人・百人・何人(8)、外国人(13)、恋人(18)、人口(19)、人形(22)、大人(24)、人気がある(25)、有名人(33)、大人用(37)、一人旅・ご主人(40)	

読み方	ことば	課	同じ漢字を使うことば1	同じ漢字を使うことば2	同じ漢字を使うことば3
ふつか	二日	6	–	日本・日本語・日本人(1)、今日(4)、月曜日・火曜日・木曜日・金曜日・土曜日・日曜日(5)、水曜日(5、29)、一日・三日・四日・五日・六日・七日・八日・九日・十日・十一日・二十日・二十四日・三十日(6)、毎日(16)、昨日(25)、週休二日(29)、当日(37)、本日(42)	
ふとる	太る	21	–		
ふゆ	冬	11	冬休み(30)		
ふるい	古い	7	中古車(33)		
へ					
へた[な]	下手[な]	9	下(8)、以下(21)、下ろす(24)、下りる(27)、下さる(41)	切手(4)、上手[な](9)、手(11)、歌手(18)、手紙(22)	
べとなむじん	ベトナム人	1	日本人(1)、あの人(2)、女の人・一人・二人・百人・何人(8)、外国人(13)、恋人(18)、人口(19)、人形(22)、大人(24)、人気がある(25)、有名人(33)、大人用(37)、一人旅・ご主人(40)		
べんきょうする	勉強する	21	勉強以外(40)	強い(21)、勉強以外(40)	
べんり[な]	便利[な]	19、33	不便[な](33)	–	
ほ					
ぼうねんかい	忘年会	19	忘れ物(18)、忘れる(34)	来年・去年・今年(6)、半年(12)、四年生(13)、毎年(16)、四年間(42)	会話(5)、会社・ガス会社(18)、都会(29)、大会(31)、会計(42)
ほん	本	2	日本・日本語・日本人(1)、本当(16)、一本・何本(20)、本日(42)		
ほんとう	本当	16	日本・日本語・日本人(1)、本(2)、一本・何本(20)、本日(42)	当たる(32)、当日(37)	

読み方	ことば	課	同じ漢字を使うことば1	同じ漢字を使うことば2	同じ漢字を使うことば3
ま					
まいしゅう	毎週	16	毎日・毎月・毎年(16)	今週・先週・来週(5)、一週間(12)、週休二日(29)	
まいつき	毎月	16	毎日・毎週・毎年(16)	月曜日(5)、一月・四月・七月・九月(6)、月見(12)、月(19)	
まいとし	毎年	16	毎日・毎週・毎月(16)	今年・去年・来年(6)、半年(12)、四年生(13)、忘年会(19)、四年間(42)	
まいにち	毎日	16	毎週・毎月・毎年(16)	日本・日本語・日本人(1)、今日(4)、月曜日・火曜日・木曜日・金曜日・土曜日・日曜日(5)、水曜日(5、29)、一日・二日・三日・四日・五日・六日・七日・八日・九日・十日・十一日・二十日・二十四日・三十日(6)、昨日(25)、週休二日(29)、当日(37)、本日(42)	
まえ	前	8	名前(1)、午前(5)、この前(14)、駅前(35)		
まち	町	22	–		
まちます(まつ)	待ちます(待つ)	14	–		
まん	万	3	四万九千円(3)		
み					
みず	水	2	水曜日(5、29)、水道(28)、水族館(35)		
みせ	店	8	–		
みせます(みせる)	見せます(見せる)	14	見ます(4)、月見・花見(12)、見学(13)、意見(32)、発見する(36)、見物する(41)		
みち	道	21	水道(28)、北海道(30)		

読み方	ことば	課	同じ漢字を使うことば1	同じ漢字を使うことば2	同じ漢字を使うことば3
みっか	三日	6	-	日本・日本語・日本人(1)、今日(4)、月曜日・火曜日・木曜日・金曜日・土曜日・日曜日(5)、水曜日(5、29)、一日・二日・四日・五日・六日・七日・八日・九日・十日・十一日・二十日・二十四日・三十日(6)、毎日(16)、昨日(25)、週休二日(29)、当日(37)、本日(42)	
みなみぐち	南口	8	南(30)	東口・西口・北口(8)、口(11)、人口(19)	
みます(みる)	見ます(見る)	4	月見・花見(12)、見学(13)、見せます(14)、意見(32)、発見する(36)、見物する(41)		
む					
むいか	六日	6	-	日本・日本語・日本人(1)、今日(4)、月曜日・火曜日・木曜日・金曜日・土曜日・日曜日(5)、水曜日(5、29)、一日・二日・三日・四日・五日・七日・八日・九日・十日・十一日・二十日・二十四日・三十日(6)、毎日(16)、昨日(25)、週休二日(29)、当日(37)、本日(42)	
むら	村	22※	木村様(42)		
め					
め	目	11	一丁目(23)		
も					
もういちど	もう一度	15、40	一(3)、一丁目(23)、一人旅(40)	今度(26、34)	

読み方	ことば	課	同じ漢字を使うことば1	同じ漢字を使うことば2	同じ漢字を使うことば3
もくようび	木曜日	5	木(23)、木村様(42)	月曜日・火曜日・金曜日・土曜日・日曜日(5)、水曜日(5、29)	日本・日本語・日本人(1)、今日(4)、月曜日・火曜日・金曜日・土曜日・日曜日(5)、水曜日(5、29)、一日・二日・三日・四日・五日・六日・七日・八日・九日・十日・十一日・二十日・二十四日・三十日(6)、毎日(16)、昨日(25)、週休二日(29)、当日(37)、本日(42)
もちます(もつ)	持ちます(持つ)	13	気持ち(19)、持ち歩く(35)		
もり	森	19	青森県(22)		
もんだい	問題	20、31	質問(12、26)	宿題(31、34)	
や					
やくにたつ	役に立つ	20	市役所(13)	–	
やすい	安い	7	安全[な](29)		
やすみます(やすむ)	休みます(休む)	5、26	夏休み(11、30)、冬休み(30)、週休二日(29)		
やま	山	7	富士山(18)、山火事(28)、山川さん(39)		
ゆ					
ゆうめい[な]	有名[な]	7	有名人(33)	名前(1)、有名人(33)	
よ					
ようか	八日	6	–	日本・日本語・日本人(1)、今日(4)、月曜日・火曜日・木曜日・金曜日・土曜日・日曜日(5)、水曜日(5、29)、一日・二日・三日・四日・五日・六日・七日・九日・十日・十一日・二十日・二十四日・三十日(6)、毎日(16)、昨日(25)、週休二日(29)、当日(37)、本日(42)	
ようじ	用事	19	大人用・用意する(37)、使用(38)	お大事に。(19)、食事(20)、仕事(27)、火事・山火事(28)	

読み方	ことば	課	同じ漢字を使うことば1	同じ漢字を使うことば2	同じ漢字を使うことば3
よじはん	四時半	5	四・四万九千円(3)、四年生(13)、四年間(42)	時々(4)、時計(10)、時間(12)、時代(42)	半年・二時間半(12)
よっか	四日	6	–	日本・日本語・日本人(1)、今日(4)、月曜日・火曜日・木曜日・金曜日・土曜日・日曜日(5)、水曜日(5、29)、一日・二日・三日・五日・六日・七日・八日・九日・十日・十一日・二十日・二十四日・三十日(6)、毎日(16)、昨日(25)、週休二日(29)、当日(37)、本日(42)	
よねんせい	四年生	13	四・四万九千円(3)、四時半(5)、四年間(42)	来年・去年・今年(6)、半年(12)、毎年(16)、忘年会(19)、四年間(42)	学生(1)、先生(1、9)、高校生(6)、留学生(11)、中学生(16)、生まれる(20)、小学生・学生証(26)、新入生(29)、生活・生かす・長生きする(33)、林先生(34)、生きる(36)
よみかた	読み方	13	読みます(4)	作り方(13)、書き方(15)、夕方(27)、あの方(41)	
よみます(よむ)	読みます(読む)	4	読み方(13)		
よる	夜	6	–		
よわい	弱い	21、37	–		
よん・し	四	3	四万九千円(3)、四時半(5)、四年生(13)、四年間(42)		
よんまん きゅうせんえん	四万九千円	3	四(3)、四時半(5)、四年間(42)	万(3)	
			九(3)	千(3)、四万九千円(3)	六百円(3)、八千円(3)、三百七十円(3)
ら					
らいしゅう	来週	5	来ます・来年(6)、来る(17)、連れて来る(22)、将来(30)	今週・先週・来週(5)、一週間(12)、週休二日(29)	
らいねん	来年	6	来週(5)、来ます(6)、来る(17)、連れて来る(22)、将来(30)	今年・去年(6)、半年(12)、四年生(13)、毎年(16)、忘年会(19)、四年間(42)	

読み方	ことば	課	同じ漢字を使うことば1	同じ漢字を使うことば2	同じ漢字を使うことば3
り					
りゅうがく	留学	19	留学生(11)、留守・留学する(39)	大学・学校・学生(1)、留学生(11)、大学院・工学・見学(13)、中学生(16)、科学者(20)、小学校(22)、小学生・学生証(26)、学食(29)、入学試験(35)、留学する(39)、学ぶ(40)、学者・医学(41)、進学する(42)	
りゅうがくせい	留学生	11	留学(19)、留守・留学する(39)	大学・学校・学生(1)、見学・工学・大学院(13)、中学生(16)、留学(19)、科学者(20)、小学校(22)、小学生・学生証(26)、学食(29)、入学試験(35)、留学する(39)、学ぶ(40)、学者・医学(41)、進学する(42)	学生(1)、先生(1、9)、高校生(6)、四年生(13)、中学生(16)、生まれる(20)、小学生・学生証(26)、新入生(29)、生活・生かす・長生きする(33)、林先生(34)、生きる(36)、留学する(39)
りょうきん	料金	14	電話料金(14)、料理(18)	お金(4)、金曜日(5)、電話料金(14)、金色(32)	
りょうり	料理	18	料金・電話料金(14)	理由(38)	
れ					
れんらくする	連絡する	21	連れて行く・連れて来る(22)	−	
ろ					
ろく	六	3	六百円(3)、六回(20)		
ろっかい	六回	20	六・六百円(3)	回転ずし(32)	
ろっぴゃくえん	六百円	3	六(3)、六回(20)	百・三百七十円(3)	八千円・三百七十円・四万九千円(3)
わ					
わかれる	別れる	18、42	別々(42)		
わすれもの	忘れ物	18	忘年会(19)、忘れる(34)	建物・食べ物(7)、買い物(9、26)、飲み物(11)、動物(16)、着物(18)、動物園(24)、物語(34)、見物する(41)	
わるい	悪い	21、39	意地悪[な](37)		

著者
中村かおり
拓殖大学　外国語学部　教授
伊藤江美
拓殖大学　別科日本語教育課程／外国語学部／政経学部　非常勤講師
青山学院大学　青山スタンダード科目　非常勤講師
梅津聖子
拓殖大学　外国語学部　非常勤講師
星野智子
立命館アジア太平洋大学　言語教育センター　嘱託講師
森泉朋子
拓殖大学　別科日本語教育課程　非常勤講師
東京工業大学　リベラルアーツ研究教育院　非常勤講師

翻訳
英語　Ian Channing
ベトナム語　Nguyễn Thị Anh Thư　拓殖大学　国際課職員

イラスト
サノアキコ

装丁・本文デザイン
山田武

ことばでおぼえる やさしい漢字ワーク 初級1
―日本語初級1大地準拠―

2018年8月27日　初版第1刷発行
2023年8月24日　第 2 刷 発 行

著　者　中村かおり　伊藤江美　梅津聖子　星野智子　森泉朋子
発行者　藤嵜政子
発　行　株式会社スリーエーネットワーク
〒102-0083　東京都千代田区麹町3丁目4番
トラスティ麹町ビル2F
電話　営業　03（5275）2722
編集　03（5275）2725
https://www.3anet.co.jp/
印　刷　萩原印刷株式会社

ISBN978-4-88319-779-8　C0081

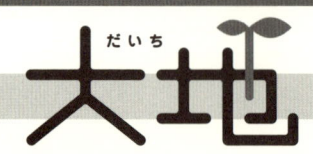

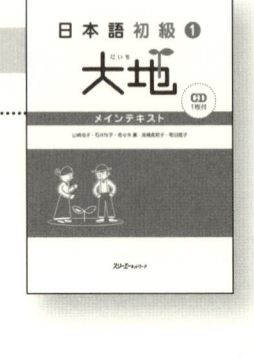

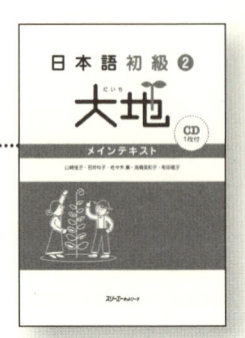

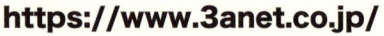

ことばでおぼえる やさしい漢字ワーク 初級1

—日本語初級1大地準拠—

別冊

こたえ

スリーエーネットワーク

各課クイズ

1【よみ】P.57

1 なまえ　2 にほんじん、せんせい　3 にほんご、がっこう
4 じん、だいがく、がくせい　5 くに、ちゅうごく

1【かき】P.58

1 大学、生　2 日本、学校　3 国、人、名

2【よみ】P.57

1 なん、でんわ　2 ぎゅう、おやこ　3 みず　4 くるま、ひと
5 がくせい、にほんご、ほん

2【かき】P.58

1 水　2 日本語、本　3 子、牛　4 人、名、何

3【よみ】P.59

1 に　2 ご　3 いちえん　4 じゅうえん　5 ななじゅうえん
6 さんびゃくえん　7 ろっぴゃくえん　8 はっせんえん
9 きゅうせんえん　10 よんまんえん

3【かき】P.60

1 四　2 五　3 十七万八千九百円

4【よみ】P.59

1 しょくどう、なに、たべ　2 きって　3 としょかん、ざっし、よみ
4 きょう、かね　5 み

4【かき】P.60

1 金　2 今日、何　3 時々、食、食　4 室、読

5【よみ】P.61

1 せんしゅう、にちようび、やすみ　2 ごぜん、ごご
3 げつようび、きんようび　4 いま、よじはん　5 はいり

5 【かき】 P.62

1 今、午、時、分　2 月、木、土　3 週、休　4 火

6 【よみ】 P.61

1 でんしゃ、びょういん、いき　2 きょねん、き　3 よる
4 たなか、こうこうせい　5 しがつ、いつか

6 【かき】 P.62

1 去年、電車、行　2 今年、来　3 夜　4 来

7 【よみ】 P.63

1 ひろい　2 あおい、はな　3 たかい　4 しんせつ
5 ゆうめい　6 げんき　7 しろい、たてもの　8 たいへん

7 【かき】 P.64

1 高、山　2 白　3 広、川　4 小、国　5 古、車、安

8 【よみ】 P.63

1 きたぐち、ちかく、しょくどう　2 おんなのひと、たなか
3 あいだ、みせ　4 うえ　5 うしろ、おとこのこ

8 【かき】 P.64

1 食堂　2 店、中　3 近　4 女、人　5 後、男、子

9 【よみ】 P.65

1 ちち、はは、あに、あね　2 おねえさん、かいもの
3 あめ　4 えいご、じょうず　5 てんき

9 【かき】 P.66

1 天、雨　2 先生、英語　3 父、母、上手

10 【よみ】 P.65

1 とけい　2 せっけん　3 おちゃ、ならい　4 ちゅうもん
5 いろ　6 かり　7 おくり　8 かし　9 はなし

10 【かき】 P.66

1 時計 2 石、買 3 車、台、借 4 学校、話

11 【よみ】 P.67

1 はる 2 あき 3 ふゆ 4 あかるい
5 なつやすみ、ながい 6 りゅうがくせい、おおい
7 のみもの 8 たいせつ

11 【かき】 P.68

1 体 2 目 3 口 4 足 5 首 6 明 7 下手
8 多 9 少

12 【よみ】 P.67

1 はんとし 2 しつもん、こたえ 3 つきみ 4 き
5 ともだち、はなみ 6 とり 7 いっしゅうかん 8 おもかった

12 【かき】 P.68

1 天気 2 友、花火 3 六時間半 4 重

13 【よみ】 P.69

1 つくりかた 2 よみかた 3 つかい 4 よねんせい
5 だいがくいん、こうがく 6 しやくしょ、けんがく
7 だいじょうぶ 8 がいこくじん

13 【かき】 P.70

1 読、方 2 市、見学 3 院、工 4 外国人

14 【よみ】 P.69

1 りょうきん 2 じぶん 3 うみ、しゃしん 4 はじめ
5 しに 6 まち 7 でかける 8 このまえ、あい

14 【かき】 P.70

1 自分 2 会、待 3 前、死 4 出 5 会話、始

15 【よみ】 P.71

1 じしょ、とって　2 だいどころ、さかな、きり
3 いちど、いって　4 いそぎ　5 あつめて、はこんで

15 【かき】 P.72

1 住所、書　2 手、洗　3 魚、切　4 名前、言

16 【よみ】 P.71

1 くうこう、とめ　2 とうきょう、すんで　3 ばしょ、しって
4 ちゅうがくせい、のって　5 まいにち、はいって

16 【かき】 P.72

1 友、東京　2 空、乗　3 毎日、入　4 人、知

17 【よみ】 P.73

1 なか　2 うんてん　3 しみん、しあい　4 しけん、うける
5 しんぶん、ぜんぶ、さくぶん　6 じてんしゃ

17 【かき】 P.74

1 池、魚　2 顔、洗　3 作文、書　4 民、試合

18 【よみ】 P.73

1 きもの、きた　2 かしゅ、うた、だいすき　3 わすれもの、き
4 だした、おもいだし　5 かいしゃ

18 【かき】 P.74

1 電車、会社、行　2 料理　3 好　4 着　5 飲

19 【よみ】 P.75

1 いしゃ、くすり　2 もり、きもち　3 ちかてつ、えき、おもい
4 ようじ、ぼうねんかい　5 じんこう

19 【かき】 P.76

1 地下　2 駅　3 森、気持　4 心、思　5 元気

20 【よみ】 P.75

1 あさごはん、しんぶん　2 ろっかい、うんどう
3 かがくしゃ、うまれ　4 あたらしい、かみ　5 なんぼん、ろっぽん

20 【かき】 P.76

1 朝、食、新聞、読　2 回　3 本、立　4 答、書

21 【よみ】 P.77

1 たいふう、ちゅうし　2 みち、こうばん　3 ちから、つよい
4 べんきょう、ちゅうい　5 ついた、れんらく

21 【かき】 P.78

1 道、聞　2 英語、勉強　3 中止　4 太　5 力

22 【よみ】 P.77

1 にんぎょう、てがみ　2 とうきょうと、く
3 あいだ、ながさきけん、まち　4 つれていって
5 しょうがっこう、せわ

22 【かき】 P.78

1 長、町　2 森県、生　3 同、村　4 学校、区

まとめクイズ

1 【よみ】 P.79

1 b　2 c　3 c　4 b　5 a　6 d　7 c
8 c　9 b　10 b　11 b　12 d　13 c　14 c
15 d　16 c　17 b　18 d　19 c　20 d　21 a
22 d　23 c　24 c　25 a

1 【かき】 P.81

Ⅰ 1 大学、生　2 今年、日本　3 室、行
Ⅱ 1 a　2 c　3 b　4 a　5 d　6 c　7 b

2【よみ】P.83

1	d	2	c	3	d	4	b	5	a	6	b	7	b
8	c	9	c	10	b	11	d	12	b	13	a	14	a
15	a	16	b	17	d	18	a	19	b	20	a	21	a
22	c	23	b	24	c	25	b						

2【かき】P.85

Ⅰ 1 白、花　2 先、後、女　3 英、上手　4 店

Ⅱ 1 a　2 c　3 c　4 c　5 a　6 b　7 b

3【よみ】P.87

1	c	2	b	3	d	4	c	5	a	6	b	7	c
8	a	9	b	10	a	11	c	12	a	13	c	14	b
15	a	16	c	17	b	18	a	19	a	20	c	21	a
22	c	23	a	24	c	25	b						

3【かき】P.89

Ⅰ 1 料理、始　2 東京、住　3 言　4 書　5 見

Ⅱ 1 b　2 b　3 a　4 b　5 a　6 d　7 d

4【よみ】P.91

1	c	2	b	3	d	4	a	5	b	6	d	7	c
8	b	9	c	10	a	11	d	12	d	13	c	14	d
15	a	16	b	17	c	18	d	19	a	20	d	21	b
22	c	23	a	24	b	25	d						

4【かき】P.93

Ⅰ 1 元、太　2 森、持　3 止　4 地、駅　5 町、長

Ⅱ 1 c　2 a　3 d　4 b　5 a　6 c　7 b